本研究为宁夏社科规划项目的阶段性成果
项目名称：宁夏中小企业降本减负政策实施成效评估研究
项目编号：17NXBJL04

经济管理学术文库·经济类

绿色成本核算体系：
理论构建与应用研究

Green Cost Accounting System:
Theoretical Construction and Practical Research

王健华／著

图书在版编目（CIP）数据

绿色成本核算体系：理论构建与应用研究/王健华著. —北京：经济管理出版社，2019.1
ISBN 978-7-5096-6375-2

Ⅰ.①绿… Ⅱ.①王… Ⅲ.①成本计算 Ⅳ.①F231.2

中国版本图书馆 CIP 数据核字（2019）第 021226 号

组稿编辑：杨国强
责任编辑：杨国强　张瑞军
责任印制：黄章平
责任校对：陈　颖

出版发行：经济管理出版社
　　　　　（北京市海淀区北蜂窝 8 号中雅大厦 A 座 11 层　100038）
网　　址：www.E-mp.com.cn
电　　话：(010) 51915602
印　　刷：玉田县昊达印刷有限公司
经　　销：新华书店
开　　本：720mm×1000mm/16
印　　张：12.75
字　　数：186 千字
版　　次：2019 年 1 月第 1 版　2019 年 1 月第 1 次印刷
书　　号：ISBN 978-7-5096-6375-2
定　　价：68.00 元

·版权所有　翻印必究·
凡购本社图书，如有印装错误，由本社读者服务部负责调换。
联系地址：北京阜外月坛北小街 2 号
电　话：(010) 68022974　　邮编：100836

前　言

当前，人类生产活动带来的自然资源日益枯竭、生存环境不断恶化等诸多问题促使人类开始反思过去所采用的生产方式中存在的问题。思考的结果是达成了一项共识：为了人类的长远利益，必须大力发展低碳经济，走可持续发展的道路。经济发展与自然环境之间的关系日益密切，但传统的成本核算体系依旧将自然环境因素排除在会计系统之外，其原因在于传统的会计核算体系将企业视为与外部自然环境没有联系的独立经济组织，并基于经济人假设追求自身经济利益的最大化，忽视企业理应承担的社会责任与环境责任。出于对未来的考虑，人类在发展经济的同时，必须处理好经济发展与环境之间的关系。二者的关系处理得当，人类将处于"经济发展，环境优美"的双赢局面；二者的关系处理不当，将会带来灾难性的后果。作为社会经济活动的主体，企业生产理念的转变至关重要。当然，企业理念的转变既需要借助外部压力，也需要内部的动力，两种力量共同促使企业将环境因素纳入企业的管理和决策之中。

作为衡量企业生产耗费的重要指标——成本，是企业在进行相关决策时的重要参考数据。严格来说，成本有广义与狭义之分。广义的成本不仅包括企业的耗费，同时包括社会、环境等外部资源的耗费。狭义的成本以企业为空间范围，只涵盖其自身所发生的各项耗费。传统的成本核算以狭义概念为准,主要核算具体企业在某一时期的生产耗费。企业是社会生产活动的主要承担者,同时也是环境污染的主要制造者。企业的环境成本是由产品(劳务)的生产(提供)活动引发的,按照成本动因追溯,理应是产品(劳务)成本的重要组成部分,但我国目前的主流处理方式主要是将其"费用化",即在发生时直接计入当期管理费用中。同时,传统的成本核算侧重于货币计量的财务信息,侧重个体或局部的经济目的,更强调企业的微观利益、直接效益与眼前利益,忽略了对社会资源的无偿占用和污染,导致企业以牺牲环境资源为代价换取局部利益。从实施可持续发展战略的角度看,传统的成本核算是有缺陷的,应该对其进行必要的改进,以便提供更加完整、合理的成本会计信息。

本书以外部经营环境的新要求与内部成本核算旧体系之间存在的矛盾为切入点,旨在化解这种矛盾,寻求二者之间的协调一致。研究内容分为八个章,第一章阐述了研究背景及意义,并对国内外的研究现状进行了描述;第二章分介绍了相关的基本理论,主要包括低碳经济理论、环境成本理论、可持续发展理论、外部成本内部化理论等;第三章提出了应在原有的成本核算体系中纳入环境因素,构建体现绿色发展理念的成本核算体系,实现产品成本核算的"绿色化";第四、第五、第六章为绿色成本核算体系的应用过程,将构建的绿色成本核算体系分别引入宁夏华辉公司、民丰特纸、L煤炭企业进行应用,实现理论与实践之间的结合;第七章分析了绿色成本核算体系对实施公司产生的影响及其保障措施;第八章提出了研究结论与研究局限。

目　录

上篇　理论篇

第一章　绪论 …… 003

　　第一节　研究背景及意义 / 003

　　第二节　国内外研究概况 / 008

第二章　相关基本理论 …… 015

　　第一节　低碳经济 / 015

　　第二节　环境成本理论 / 019

　　第三节　其他相关理论 / 024

第三章　绿色成本核算体系的构建 …… 029

　　第一节　企业环境成本核算的现状分析 / 029

　　第二节　绿色成本的概念、特征与分类 / 032

　　第三节　绿色成本核算体系的内涵界定与目标 / 035

　　第四节　绿色成本的确认与计量 / 040

　　第五节　账户体系设置及主要事项会计处理 / 048

第六节　绿色成本信息的披露 / 052

下篇　实践篇

第四章　宁夏华辉公司的绿色成本核算 …………………………… 061

第一节　宁夏华辉公司概况 / 061

第二节　宁夏华辉公司成本核算的现状 / 064

第三节　宁夏华辉公司进行绿色成本核算的必要性分析 / 067

第四节　应用过程 / 069

第五节　绿色成本信息的披露 / 091

第五章　民丰特纸的绿色成本核算 ………………………………… 095

第一节　企业简介 / 096

第二节　民丰特纸的环境成本核算现状 / 098

第三节　民丰特纸的绿色成本核算 / 099

第六章　L煤炭企业的绿色成本核算 ……………………………… 113

第一节　煤炭行业环境成本核算的基本状况 / 114

第二节　L煤炭企业的绿色成本核算 / 117

第七章　绿色成本核算对企业的影响及运行保障措施 …………… 133

第一节　绿色成本核算对企业的影响 / 133

第二节　绿色成本核算体系运行的保障措施 / 141

第八章　研究结论及主要局限 ……………………………………… 151

第一节　主要研究结论 / 151

第二节　研究局限 / 153

目录

　　第三节　结束语 / 154

附　录 ··· 155

　　附录一　国营工业企业成本核算办法 / 155

　　附录二　企业产品成本核算制度（试行）/ 166

　　附录三　环境信息公开办法（试行）/ 178

参考文献 ··· 187

后记 ··· 193

上篇 理论篇

第一章

绪 论

第一节 研究背景及意义

一、研究背景

从经济实质来看,成本应该是价值消耗与补偿的有机统一,但当前会计中所使用的成本概念却没有体现这种经济实质。成本范围中只包含了被消耗的材料费、人工费、制造费用等生产性消耗,对企业所消耗的环境资源等外部因素则没有考虑在内。其原因在于,传统的会计理论将会计工作的服务对象——会计主体设定在没有生态因素的环境之中,会计核算工作主要集中在会计主体自身发生的各种成本。当前,环境问题日益增多,严重制约着人类经济社会的发展。这种状况的出现是人类长期忽略环境与自然资源保护的结果。20世纪90年代初期,绿色核算理念应运而生,其核心思想就是在成本中纳入了环境因素,将会计活动与环境因素结合起来,旨在通过有效的价值管理来缓解经济发展与保护环境之间的冲突,最终实现经济发展与环境保护的协调统一。

改革开放以来,我国经济进入了快速发展的时期,2011年正式成为世界第二大经济体。我国已成为世界第一能源消费大国,并且能源消耗强度偏高。在我国经济取得举世瞩目成就的同时,也付出了巨大的环境资源代价。《中国环境经济核算研究报告2010》的相关数据显示,2010年,我国的生态环境成本已达到15389.5亿元,占全年GDP的3.5%;其中,环境退化成本占当年GDP的比例为2.51%,比上年增长了13.7%;生态破坏损失4417亿元,占GDP比重的1.01%[①]。有学者的研究成果表明,2011~2015年,环境成本占GDP的比重分别为3.84%、3.99%、3.99%、3.98%、3.54%(李春忠、李小斌,2017)。同时,根据《2016中国环境状况公报》中的调查数据,在对全国161个城市开展的空气质量检测中,仅有10%的城市空气质量达到标准,90%的城市质量超标。空气污染、水污染事件不断发生,还有"镉大米""重金属蔬菜"等由于土壤污染危害食品安全的现象频发。这些问题的背后大多是由于企业无节制索取自然资源的同时又排放超过生态环境所能负荷的污染物所导致的。随着科学发展观与构建和谐社会理念的提出,以及我国经济和社会发展的现实需要,节约能源与环境保护已成为转变经济发展方式和促进国民经济又快又好发展不可或缺的组成部分。

同时,伴随着我国产业结构的调整与升级,西部地区承接了许多东部地区转移的高污染、高耗能产业。尽管这些产业在当地经济社会发展过程中发挥着重要作用,但是,伴随高污染、高耗能产业的快速发展,环境污染、资源浪费等问题也给西部地区的发展带来了不利影响,成为制约西部地区经济发展的不利因素之一。党的十八大报告明确指出:"要把资源消耗、环境损害、生态效益纳入经济社会发展评价体系,建立体现生态文明要求的目标体系、考核办法、奖惩机制。"可以看出,在我国经济发展的新阶段,科学发

---

① 中国科学院可持续发展战略研究组.中国环境经济核算研究报告2010。

展、可持续发展将是未来的主流方向。因此，要实现社会的可持续发展就要求社会经济活动的主体——企业必须转变传统的发展模式，以便适应外部经营环境的变化。伴随企业发展模式的转变，企业会计信息系统的重要组成部分——成本核算体系也必须与之相适应，否则就不能提供及时、相关的成本信息，进而不利于企业做出科学合理的决策。基于此，本书将生态价值的补偿理念嵌入现行成本核算体系，尝试构建符合可持续发展要求的绿色成本核算体系，目的在于为企业转型提供必要的会计信息支撑，并为企业的节能降耗做出一定贡献。

二、研究意义

本书主要探讨如何构建企业环境成本的核算体系——绿色成本核算体系，从而帮助企业确认并量化在生产经营过程中发生的各种环境成本，使企业通过核算环境成本来控制对环境的影响，最终达到保护环境、改善生态环境的目的。从这一角度看，绿色成本核算体系的构建与运行，不仅对企业，而且对社会都具有一定的现实意义。具体而言，本书的意义如下：

第一，为企业成本核算体系的升级提供理论依据。作为企业活动重要构成的会计活动，必然存在于一定的环境之中，并且应该伴随企业外部、内部因素的变动而适时变动。会计活动赖以生存的内、外部因素构成了会计的生存环境。会计主体所在国的政治环境、经济环境、法律环境、文化环境构成了会计活动的外部环境；企业规模、发展水平、人员素质、产品构成等因素组成了会计活动的内部环境。现代会计总是服务于一定社会经济环境下的利益主体，通过会计活动反映和监督利益主体的经济活动，进而为其服务。会计主体的经济活动必然会受到其外部环境的影响和制约，因此，会计活动只有适应其所处的内外部环境，并提供所需的服务才能生存和发展。当前，绿色、低碳生产日益成为发展的主流，作为会计核算系统重要构成的成本核算系统也必须适应外部的这种变化。低碳经济"是一种以较低的能量支撑社会生产和生活活动的经济，是以低能耗、低碳排放为主要特征，以获取高效能、高效率、高效益的发展模式"。其关键是提高能源的利用效率，以达到降低温室气体排放量，从而实现人类的可持续发展。基于此，企业必须树立与之相适应的生产理念，并在相关理论的指导下升级或改善现有的成本核算体系，进而为企业的升级转型与未来的健康、持续发展奠定必要的核算基础。

第二，为国家核算"绿色GDP"提供数据支持。伴随绿色生产、可持续发展理念的深入推行，世界各国如墨西哥、印度尼西亚等都把"资源消耗、环境损失、生态退化和治理成本"四个方面从GDP核算中扣除，并把资源节约、节能减排、环境友好等指标纳入绿色发展的考核之中，建立反映真实发展水平的"绿色GDP"考核体系。在国际上，"绿色GDP"的正式表达是"经环境调整的GDP"（Environmentally Adjusted GDP）。顺应国际趋势，2005年，我国开始在十个省市进行"绿色GDP"核算的试点工作[①]，但不久之后就停止了。其中的原因是多方面的，但所需数据的不易获取是其中一个突出的原因。尽管企业的成本核算与国家的"绿色GDP"核算分属于不同的两个核算级次，但二者之间又具有共同之处。即在"绿色核算"的要求下如何把自然环境因素纳入原来的核算体系，并提供所需的信息与数据。如果微观企业能够把自身对环境的影响进行准确、详细的核算，生成必要的数据与信息，那么对宏观"绿色GDP"的核算将是十分有益的。

第三，有利于企业获取持续的发展能力。对环境的责任是企业社会责任的重要组成部分，企业积极履行包括环境责任在内的社会责任对企业发展是

---

① 这10个试点省市分别是：北京市、天津市、河北省、辽宁省、浙江省、安徽省、广东省、海南省、重庆市和四川省。

十分有利的。边卫军等（2017）研究表明，企业履行社会责任会让消费者在对产品和服务经济层面的考虑之外，还会产生其他理性思考。这是因为企业履行社会责任会产生溢出效应，能够提升消费者对产品与服务的主观评判。消费者已经成为推动企业履行社会责任的直接动力。企业的发展离不开消费者对企业产品与劳务的认可与消费，能够持续发展壮大的企业需要认真思考消费者的这种变化与诉求。企业作为可持续发展理念的重要实施者，必须要以自身的生产实践活动来体现可持续发展的实际内涵。在这种新的发展理念指导下，企业要进行"绿色生产"，减少产品和服务中物料及能源的消耗，实现污染物排放的最小化。尤其是那些高污染、高耗能类型的企业，只有树立并践行"绿色"的生产观和消费观，才可能在未来的时期内获得竞争优势，进而获得持续的发展能力。

第四，为企业核算"绿色成本"提供必要的理论指导。理论源自实践，也应该回归实践。会计理论更加如此，只有在具体的会计实践中发挥应有的指导实践价值，才能更加彰显理论的意义所在。从目前的实际情况来看，我国越来越多的企业都已经意识到：过去那种忽略企业生产活动"外部性"的做法是错误的，必须实现理性的回归，即将企业对外部环境的不利影响反映在企业的信息系统之中，由企业承担这一不利后果。但现实的问题是，如何将这些不利影响纳入企业的信息系统却是不清晰的。因此，从会计实践的需求看，也亟须构建一套核算体系，满足企业实现微观核算的现实需要。

第二节　国内外研究概况

一、国外文献回顾

从20世纪70年代开始，国外学者开始对环境会计的相关问题进行探索与研究。

比蒙斯（F.A.Beams）1971年在《会计学月刊》杂志上发表了《控制污染的社会成本转换研究》一文，提出了企业承担污染成本的计量方法和标准控制以及污染的社会成本与企业个体成本之间的转换。

马林（J.T.Marlin）在1973年第2期《会计学月刊》上发表了《污染的会计问题》，提出会计核算依据真实性原则的污染计量合理性，并对污染企业的核算问题进行了研究，标志着环境会计的研究与实践活动开始兴起。企业排放废弃污染物而不承担相应的环境责任，导致企业在会计核算过程中只关注生产过程中的内部成本，而忽略外部环境成本（Kaplan，1984）"从20世纪90年代起，在西方的会计理论界，有越来越多的会计专家把环境问题与会计理论结合起来研究，形成了各种各样的环境会计理论（环境会计亦称为绿色会计），其核心是用会计来计量、反映和控制社会环境资源，目的在于改善整个社会的环境与资源问题，并为绿色GDP的计算提供数据"。传统的会计信息掩盖了环境成本，无法为企业的可持续发展提供有效信息。这使得会计信息的一项重要质量特征——可靠性受到影响，从而导致企业利润虚增，夸大当期经营业绩，粉饰企业财务状况，这些都会严重影响会计信息使用者做出正确的经济决策（Gray，1993）。

1998年，联合国环境专家组织根据环境成本与环境发展的实际分析和考察，在《环境会计与财务报告的立场公告》一文中提到：环境成本的核算是为了促进环境的保护和社会的可持续发展，维护良好的生态环境，使其在获取利润的同时注重社会利益的保护而在企业进行管理和自我管理的过程中造成的成本支出。

20世纪末，日本积极参与到了环境成本和环境会计的理论研讨中，并陆续公布了《关于环境保全成本的把握与披露的指导要点》，该文件指出：环境成本是指企业在发展过程中为了改善企业环境，减少污染排放而增加的成本和支出。

1993年，加拿大特许会计师协会基于环境问题发生前后两个不同时间提出环境成本的定义，认为环境成本一部分是环境问题发生前为了避免或减轻环境污染而提前采取措施防治的成本，另一部分是环境问题发生后进行补偿损失而耗费的成本。

1995年，美国环境管理委员会从成本的不同功能角度将环境成本划分为环境保护成本、环境损耗成本、环境污染消除成本和环境事务成本。其中，环境耗减成本是指"三废"等污染物对环境或人类造成的危害而发生的成本或支出；环境事务成本是以减少环境危害损失为目的而进行的相关活动所发生的费用。

1995年，德国采用生态会计模式核算环境成本，该模式以减少环境成本支出和物质能源的流转性为起点。现有的成本核算体系忽视环境成本的确认、计量和披露环节，此外，有些企业即使将环境成本考虑在内，也仅仅是将这些成本笼统地包括在相关的会计账户中，未能单独披露环境成本对企业经营的直接影响（Schaltegger，1996）。

Michael Jones（2010）从理论的视角介绍了环境会计核算与报告的基本问题，为会计实务提供了理论依据。

Sherine Farouk 等（2012）主要阐述了发展中国家出于可持续发展的考虑如何进行绿色核算与管理。Mihae la Ungure（2012）认为，绿色会计或称为环境会计是出于以可持续的方式利用自然资源而出现的，主要介绍了绿色会计理念与罗马尼亚现有会计系统的整合问题，企业不仅要考虑当前的利益，更要为未来考虑，实行绿色核算是重要的措施之一。

Bettina Hodi Hernadi（2012）认为，出于企业可持续发展的考虑，企业应该进行绿色核算，并提出了从名义与内容两个方面将"绿色会计"转化为"可持续会计"的具体方式。

可以看出，国外学者的研究视角主要集中在如何构建一套完整的绿色会计体系，侧重于宏观核算系统的理论建构，至于企业会计核算体系重要组成部分的成本核算体系如何实现绿色核算以及在会计实践中如何应用则基本没有涉及。

二、国内研究概况

国内学者对环境会计问题的研究始于20世纪90年代。

1992年，葛家澍和李若山把西方的环境会计理论首次引入我国，并确立了绿色会计研究的基本内容，认为绿色会计理论将成为完善传统会计理论的一个重要内容与研究趋势。

孟凡利（1999）认为，环境成本的研究对象是企业的环境活动以及与环境有关的经济活动。

徐泓、朱小平（1999）将环境会计视为会计的一个分支，认为环境会计要素的基本程序应基于传统的财务会计进行确认、计量和报告。

许家林（2000）提出应建立资源会计核算体系，并对资源会计的基本目标、涉及的主要内容、应采用的研究方法等问题进行了初步探讨，自然资源价值的补偿理念得以树立，成为后续研究的重要理论基础。

乔世震（2002）提出，企业应承担责任的环境活动是环境会计的核算对象，与企业财务活动相关的环境活动都应当纳入环境会计的复式记账系统中进行相应的会计处理，具体包括确认、计量、记录与披露等环节。

肖序（2010）则提出了环境会计制度的概念，并构建了环境会计报告的基本模式，同时，对环境会计核算账户的设置问题也进行了深入研究。

沈宏益（2012）对低碳经济下的绿色会计体系建立进行了探讨，认为"绿色会计体系的主要内容应包括：绿色会计的对象、目标、原则、确认、核算、披露和分析等内容。"

胡雪冰（2014）探讨了在低碳视角下我国企业环境成本会计的确认、计量与披露问题，并提出了一些具体的建议。

吴永立（2014）对生态文明背景下的企业环境成本核算体系的构建进行了分析，认为"系统的企业环境成本核算体系框架构建应包括环境成本核算的内容、环境成本的核算对象以及以确认、计量、记录、报告为逻辑思路的环境成本核算环节与方法等"。

郑俊敏（2014）对绿色思维视角下的企业环境成本控制做了研究，提出了环境成本控制的运用策略和完善控制的方法。

李虹等（2014）的研究主要对环境成本核算和信息披露机制进行了设计，并将 XBRL 语言（可扩展商业语言）引入，提出了新的环境成本披露模式。

吉利等（2018）研究发现：我国重污染行业上市公司环境保护共识度较高，但大多数公司环境成本内部化并不持续；企业环境成本内部化会优先考虑预期收益较明确的项目，具有经营策略倾向；企业环境成本的费用化偏低，环境政府补助对环境费用性支出的补偿作用有限，但会激励企业相对增加环境资本性支出；企业环境成本内部化行为并非受经济利益驱动，而更多地表现出政策合规性。

秦昌波等（2018）研究表明：煤炭企业环境成本内部化将促进劳动力和资本等要素从高耗能行业向低耗能特别是技术密集型和现代服务业部门转移，进而推动产业结构优化和转型升级。

可以看出，目前国内学者的研究，在环境会计的核算方法、定义判断上的理论研究较多，而且从具体的研究行业来看，许多学者的实践研究主要集中在发电企业和化工企业，其他类型企业较少涉及。尤其是在会计核算实务上的研究明显不足，阻碍了会计实践活动的顺利开展。至于企业如何构建符合可持续发展要求的成本核算体系，并将其应用于企业的实践之中，在已有的文献中数量很少。理论源于实践，又归于实践，会计理论更是如此，它只有同实践活动结合起来才能让理论焕发出应有的活力。

三、本书采用的方法及行文思路

在研究过程中，首先，采用了文献分析法，即根据文章的内容与任务，采用各种检索方法获得相关的文献材料，通过阅读、分析文献，用来解决研究背景、研究意义、国内外研究现状以及绿色成本核算体系的构建等问题，为后续研究内容的展开奠定坚实的理论基础。其次，采用了案例研究的方法，即以宁夏华辉公司、民丰特纸等企业为研究对象，将构建的绿色成本核算体系进行实际应用，实现理论分析与具体实践相结合。最后，分析了新的成本核算方式对企业所产生的各种影响以及保证绿色成本核算体系顺利运行的主要措施。本书的技术路线如图1-1所示。

上篇　理论篇

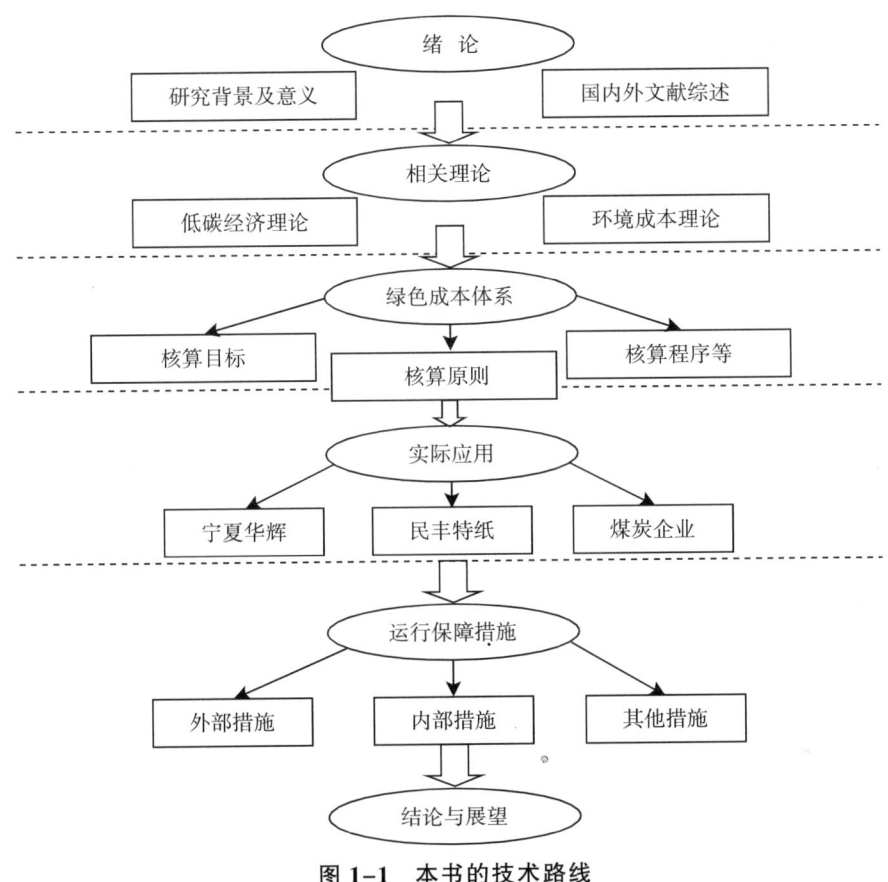

图 1-1　本书的技术路线

本书的基本行文逻辑是：理论基础介绍→绿色成本核算的理论构建→绿色成本核算体系的实际应用。基于此，本书的主要内容包括：研究的背景及意义；相关基本理论，主要有低碳经济理论、环境成本的基本理论；绿色成本核算与报告体系的一般设计，主要有账簿体系及会计处理、成本项目设计、核算程序、绿色成本信息披露等；绿色成本核算体系在宁夏华辉等公司的具体应用；进行绿色成本核算对宁夏华辉等公司的影响分析及保障措施；研究的结论及未来展望。

第二章
相关基本理论

第一节 低碳经济

一、低碳经济的内涵

低碳经济（Low-carbon Economy）是一种新的经济发展形态，对其内涵的界定国内外也存在多种表述。2003年，英国在《我们能源的未来：创建低碳经济》白皮书中将低碳经济定义为："通过更少的自然资源消耗和更少的环境污染物排放，获得更多的经济产出。"中国环境与发展国际合作委员会对低碳经济给出的定义是："一个新的经济、技术和社会体系，与传统经济体系相比在生产和消费中能节省能源，减少温室气体排放，同时还能保持经济和社会发展的势头。"国家环保总局原副局长张坤民教授认为："低碳经济是以低能耗、低污染、低排放为基础的经济模式。其实质是高能源利用效率和清洁能源结构，核心是能源技术创新、制度创新和人类生存发展理念的根本性转变。它将人类经济社会发展与生态环境视为有机的统一体，倡导构建一种与自然和谐的经济发展模式。"

从中可以看出，作为一种新的发展理念，低碳经济追求在生活与生产活动中更高的能源利用效率，新能源和可再生能源在能源总量中的比例更高，二氧化碳等温室气体的排放量更少。同时，作为一种新的经济发展模式，就是要改变过去发展过程中对石化能源的高消费与高强度的温室气体排放，形成低能耗、低排放为基础的经济增长模式。总体而言，大力发展低碳经济有利于优化我国的经济结构，提高我国经济发展的品质，是一种符合长远目标要求的经济发展模式。

二、低碳经济的基本特征

与传统的经济发展模式相比，低碳经济在许多方面都发生了明显变化，与传统经济模式的主要区别如表 2-1 所示。

表 2-1 低碳经济与传统经济的对比

比较项目	传统经济模式	低碳经济模式
资源使用特征	高开采、高排放、低利用	低开采、低排放、高利用
污染治理方式	末端治理	全过程控制
追求的目标	经济效益最大化	社会、经济、环境效益相统一
遵循的原则	高投入、高产出	减量化、再利用、再循环

三、低碳经济对企业成本核算的影响

低碳经济理念的引入将对企业的诸多方面产生影响，包括生产活动、经营活动、管理活动等。从成本核算的视角看，其带来的影响主要包括以下几个方面：

第一，对成本会计对象的影响。"成本会计对象是指成本会计核算与控制的内容"。对于工业企业来说，其对象为产品的生产成本与期间费用。"所谓生产成本，是指产品在制造过程中所发生的各项耗费；期间费用也称为期间成本，是指与产品制造过程没有直接联系的非生产性耗费，主要包括管理费用、销售费用与财务费用。"在低碳经济模式下，企业成本核算的内容有："开始投入的各种原料的实际成本；人工成本；生产经营用固定资产的折旧费；回收资源的循环使用成本；各种辅助材料的实际成本等。"可以说，随着低碳经济模式的引入，成本会计核算与控制的内容将呈现日益丰富的趋势。将由产品成本与期间费用逐步演化为产品成本、期间费用、废弃物的处置以及二次利用成本、环境资源损耗成本、环境恢复成本等更加丰富的内容。

　　第二，对成本变动趋势的影响。如上所述，低碳经济模式下的成本与传统经济模式下的成本相比，首先表现为量的变化，其次表现为质的变化。在低碳经济模式下，成本由生产领域被进一步扩展到产品的整个生命周期之中。产品成本的时间范围开始于产品的设计阶段，终止于产品的废弃处理阶段。这种成本周期的变化促使企业必须重新认识产品的成本内容，这也有助于企业对经济效益和环境效益的双重关注。当然，因为发展低碳经济需要专门的技术作为基本条件，因而相关的设备投入与研发成本将随着低碳经济的发展而呈现不断上升的趋势。

　　与此同时，低碳经济一般通过应用清洁技术、物质循环技术和生态技术对自然资源进行循环利用，使进行最终处置的废弃物中所含有的价值尽可能低。在低碳经济模式下，废弃物处理的先后顺序通常为：避免产生—循环利用—最终废弃。可以看出，低碳经济追求废弃物的低排放甚至零排放。因此，低碳经济中废弃物的处理成本在开始时表现为收集与加工的循环利用成本；而在低碳经济发展的成熟阶段，随着原材料的更新和生产技术、加工工艺的改进，废弃物的产生将会越来越少，因而会导致相关的成本变化呈现不断下降的趋势。可以看出，低碳经济对于企业成本变动趋势的影响可以总结为"先增加后减少"的变动规律，因而从长远的角度看，引入低碳经济发展模式是有利的。

第三，对成本核算程序的影响。在传统的成本核算体系下，一般是将生产费用划分为直接材料、直接人工和制造费用等成本项目，并按照事先确定的成本对象归集和分配发生的各项费用以完成产品成本的核算过程。在低碳经济模式下，企业生产所投入的原材料可以分为两类：一类为一般原材料，另一类为来自企业内部或外部的再生原材料。由于原材料的来源多样可能导致成本计量变得更加复杂；同时，企业的生产过程既是产品的加工过程也是废弃物的处理过程。不论废弃物的处理是形成再生资源在企业内部循环使用，还是形成副产品供其他企业使用，都会影响企业的成本核算。这种影响的直接表现是，生产费用的归集和分配需要经过更加复杂的过程才能完成，从而使成本核算程序发生一定程度的变化。所以，企业必须加快会计信息化建设的步伐，为即将到来的新的成本核算环境奠定基础。作为一种新的发展模式，低碳经济对企业成本核算在初期将带来更多的变化与不适应，但从长期的角度看，它必将对企业的成本核算带来积极的、有利的影响。

四、低碳经济与环境成本之间的关系

低碳经济与环境成本之间存在一定程度的内在联系。总体上来说，二者的联系可以表述为：发展低碳经济要求企业必须核算环境成本，环境成本的核算有助于低碳经济的发展。

首先，低碳经济的发展为环境成本核算提供了理论基础与实践依据。低碳经济发展模式的确立，使环境资源以及碳排放纳入会计核算在理论上成为可能。如何在低碳经济发展模式下确定环境成本的核算内容以及信息披露的标准，并从实务角度完善低碳经济模式下的环境会计体系成为一个亟须解决的问题。在这一过程中，不仅需要低碳经济理论体系的支撑，还需要确立低碳经济的价值观，进而使温室气体排放及环境资源作为会计核算的对象成为可能，并为进一步完善环境会计的确认、计量、记录与报告提供基础。

其次，环境成本核算为低碳经济的实现提供了必要的条件。企业是发展低碳经济的主要力量，是社会生产活动的主体，如果企业建立了完善的环境成本核算体系，同时积极承担环境责任，将对实现低碳经济的发展目标产生积极的促进作用。

最后，低碳经济与环境成本之间的终极目标是一致的，即实现可持续发展。为了实现可持续发展的最终目标，低碳经济与环境成本核算都要求企业必须合理开发和利用资源，在遵循自然环境发展变化客观规律的基础上，努力实现环境效益和社会效益的"双赢"。

第二节 环境成本理论

一、环境成本的内涵

对于环境成本的含义，国内外学者已经给出许多不同的观点。1998 年，联合国国际会计和报告标准政府间专家组通过的《环境会计和报告的立场公告》中，将环境成本定义为"环境成本是指本着对环境负责的原则，为管理企业活动对环境造成的影响而采取或被要求采取的措施的成本，以及因企业执行环境目标和要求所付出的其他成本。"这一含义表述是被引用最多的一种。

方文彬、张金辉等（2014）认为："企业环境成本就是企业在自身经营和发展过程中，为了对因生产经营活动产生或者可能产生的对环境的损害和负面影响进行预防、恢复和补偿所引起的资产支出或者价值的消耗。"

在借鉴已有研究成果的基础上，本书将环境成本界定为：环境成本是企业在生产经营过程中因对环境产生负面影响而需要补偿的可货币计量的价值尺度。这一定义的要点主要包括：

第一，环境成本的发生是由企业的生产经营活动引发的，如果是其他活动带来的则不能纳入；

第二，环境成本主要侧重于对环境产生的负面影响，即带来不利影响，如果产生有利影响，则应将其归属为环境效益而最终计入企业收益；

第三，这种影响必须是可以货币化的，因为不能货币化就不能进入企业的会计核算系统。当然，如果核算需要还可以其他计量方式作为辅助，以提供更加详细的成本信息。

二、环境成本的分类

对于环境成本的分类，学者们也有不同的观点。

郭道扬将环境成本分为因治理环境效率低下而产生的损失及浪费；治理生态环境退化的费用及额外投资；未经环保部门批准，未经认可的投资项目造成的罚款；支付因发生重大责任事故造成的环境损失和一系列治理费用。

王立彦对环境成本的分类是："根据空间范围的不同，划分为内部环境成本（主要包括排污费、环境罚款、环境清理费用、环境设备的投资等）和外部环境成本；根据时间范围不同，划分为过去环境成本、当期环境成本和将来环境成本；根据功能的不同，将环境成本划分为补偿过去的环境成本和维持现状的环境成本。"

朱学义则将"环境成本划分为资源损耗成本、环境付出成本、环境机会成本和环境破坏成本。"

本书以王立彦对环境成本所做的分类为准，即将环境成本划分为内部环境成本和外部环境成本。内部环境成本指"应当由本企业承担的环境成本，包括那些由于环境方面因素而引致发生并且已经明确是由本企业承受和支付的费用。"外部环境成本是指"那些由本企业经济活动所引致的，但尚不能明确计量并由于各种原因而未由本企业承担的不良环境后果。"

本书之所以以这种分类为准，首先，因为该种分类简单、易于理解；企业生产活动带来的不利后果非常广泛，从空间范围进行分类，可以明确承担主体的具体责任。其次，这种分类有利于环境成本的后续核算活动。对于内部环境成本，企业可以选择资本化、成本化或费用化的处理方式进行具体核算；对于外部环境成本，企业先要进行的是分辨是否由本企业承担，以及承担多少的问题，因此，核算的过程比较复杂。环境成本分类如表2-2所示。

表2-2 环境成本分类

分类标准	类别名称
按空间范围划分	外部环境成本
	内部环境成本
按时间划分	过去的环境成本
	当期的环境成本
	未来的环境成本
按发生动因划分	预防性环境成本
	维护性环境成本
	补偿性环境成本

三、环境成本核算的主要原则

由于企业的生产类型与管理要求不同，以及企业在发展程度上存在的差异，其成本核算过程就会体现出不同的特点。但作为企业成本核算的结果——成本信息，通常应具备可靠性、相关性、及时性、可持续等基本特征，这正是成本核算过程中必须遵守的基本原则。

第一，可靠性原则。可靠性是指环境成本信息必须是客观的和可验证的,没有人为降低或提高成本的情况。如果信息不可靠,不仅对企业的决策没有帮助,相反,可能造成决策的失误。当然,环境成本信息是否可靠取决于该信息是否真实——如实进行表达;可核——经得住复核与验证;中立——信息不偏不倚,不带主观的成分。

第二,相关性原则。"所谓相关性原则,是指成本核算所产生的数据必须要满足使用者特定的信息需求,有助于做出科学的决策。"相关性原则的核心是对决策产生支撑作用。一项信息是否具有相关性,取决于该项信息是否具有预测价值和反馈价值。"所谓预测价值,是指一项信息能够帮助决策者对过去、现在和未来事项的可能结果进行预判;反馈价值是指一项信息能够有助于决策者验证或修正过去的决策和已经实施的方案。"

第三,及时性原则。及时性原则是指成本信息的报出要注重时效,在成本信息失效之前提供给相关的使用者。由于成本信息的价值在于帮助信息的使用者做出经济决策,因此具有时效性。如果一项成本信息能对决策产生影响,就必须在决策之前提供,如果不能及时提供就会成为无用的信息。及时性原则要求及时收集环境成本的信息,即在相关业务发生后及时收集并整理各种原始单据或会计凭证;及时处理环境成本信息,即及时进行确认、计量和报告等活动;及时传递环境成本信息,即按照企业规定的期限及时将报告传递给使用者,便于其及时使用信息。

第四,可持续性原则。可持续性原则是指"成本核算体系应该提供企业生产活动与环境要素之间的交换信息,为企业与社会的持续发展提供必要的支持"。作为体现可持续发展理念的环境成本核算活动,必须要为企业的未来发展提供基础数据,让企业不断修正在发展过程中偏离可持续发展的一些问题,为企业的长期发展指明方向。

此外,由于环境成本信息的加工需要消耗一定的人力、物力与财力,因此,还需要很好地体现成本——效益原则,即成本信息的加工耗费与信息作用之间的对比关系。

四、环境成本核算的约束条件

作为会计核算的全新内容，企业进行环境成本的核算必然会受到诸多因素的影响与制约。

首先，环境成本的核算会受到现行会计核算体系的制约。尽管将企业的环境成本纳入现行的核算体系是一种必然的趋势，但现行的会计核算体系并不能满足这种需求。比如，现行的会计准则体系中没有专门关于环境成本的具体准则，只是在操作细节中涉及了环境影响因素的确认等内容。这就需要对现行的会计准则体系进行必要的调整与补充以适应这种需求，进而为环境成本的核算提供制度依据。

其次，环境成本的核算受成本效益原则的制约。由于环境成本所涉及的范围广泛，具体的表现形态也很多样等，从而造成在加工环境成本的过程中需要耗费较多的人力、财力和物力。企业就需要考虑这种信息提供过程中的成本效益关系。一些企业不愿进行环境成本的核算在很大程度上都是出于成本效益原则的考虑。

再次，相关法律法规的制约。2015年1月1日，被称为"史上最严环保法"的新环保法正式实施，这意味着环境成本将会成为土地、人力资源、交通区位等之外企业发展所必须考虑的另一个重要因素。同时，从一定程度上说，相关法律的规定实际上决定着企业环境成本核算的范围，因此在进行环境成本核算时就必须要考虑法律法规的具体规定。

最后，企业会计人员的综合素养也制约环境成本的核算。与传统的成本核算相比，环境成本的核算在会计处理的各个方面都要求会计人员具备更高的综合素养。但实际的状况是，尽管目前我国拥有庞大的会计人员群体（截至2017年底有1800多万人），但高素质、高层次的会计人员依旧十分缺乏。

这在很大程度上制约了我国会计核算迈向更高水平。如何提高会计人员的素养，从而更好地适应包括环境成本核算在内的新环境、新要求就成为一个迫切需要解决的实际问题。

第三节　其他相关理论

一、环境经济学理论

20世纪50年代，环境问题日趋严峻，这引起了人们开始反思传统经济学存在的局限性，环境经济学正是在这一背景下兴起。环境经济学是"研究经济发展与环境保护之间的相互关系，探索合理调节人类经济活动和环境之间物质交换的基本规律，旨在让经济活动能够取得最佳经济效益与环境效益的一门经济学科"。环境经济学认为环境是重要的资源，是劳动对象，也是构成生产力的重要元素之一。环境经济学的形成与发展不仅扩展了经济学的研究内容，让人类有了分析环境问题的全新视角，增强了经济学对社会现象和人类行为的解释力，而且为人类解决环境问题的实际行动提供了必要的理论指导。

生态环境的被污染与破坏，除了人类活动违背自然规律之外，重要的原因之一是作为重要资源的环境是"免费的"。按照相关经济学的观点，产权制度的缺失必将导致森林、河流、土地等自然资源成为"公地"，因而"公地悲剧"就成为必然。人类与其所处的环境之间是相互依存的，只有既符合生态规律又符合经济社会发展规律的发展道路才可能持续。环境经济学中对环境与其他自然资源的计量方法对于企业环境成本的确认、计量等活动均会产生重要影响，因而成为环境成本核算的重要理论基础之一。

二、企业社会责任理论

获利是企业的重要目标，也是企业创立的重要动因之一，只有获利才能保证企业的生存进而谋求更大的发展。所以在传统的管理理论中，通常视企业为营利组织。随着社会的不断发展，20世纪60年代，人们开始质疑企业追求单一经济目标的合理性，人们开始认识到：一个企业要发展不能仅关注经济目标，还必须关注其生存的环境，履行其应该承担的社会责任。当企业与环境相互促进、共同发展将非常有利于企业的成长，企业社会责任理论应运而生。企业应承担的社会责任主要包括对职工的责任、对消费者的责任、对债权人的责任、对环境的责任等。企业社会责任的内涵有广义与狭义之分。狭义的企业社会责任（卢代富，2002）认为：企业在谋求股东利益最大化之外所负有的维护和增进社会利益的义务就是企业的社会责任。广义的社会责任则包括企业应承担的全部责任，包括股东利益最大化在内。在管理学中，社会责任被定义为"一种组织追求有利于社会的长远目标的义务，而不是法律和经济所要求的义务。"

积极承担社会责任将对企业产生何种影响？从表面上看，积极履行社会责任增加了企业的额外支出，似乎成为一种负担。这也正是许多企业不愿意积极履行社会责任的重要原因之一。但实际的情况是，如果企业积极履行社会责任，将会给企业带来良好的社会声誉，而良好的社会声誉必将提高企业的市场形象，进而有利于企业健康发展。

环境责任是企业社会责任的重要组成部分，它要求在考虑利益相关者利益的基础上，企业必须考虑在经营过程中对环境产生的影响，并采取各种措施减小对自然环境和社会公众产生的不良影响，如环境污染、资源浪费、社会公害等。企业的生产活动是环境问题产生的重要因素，因此，如何实现企业生产与环境保护的协调一致就成为一个重要的问题。解决这一问题的可行方法之一就是：企业要履行其环境责任，要合理利用自然资源，杜绝掠夺式开发，保护生态平衡；践行绿色经营理念，减少对环境的污染，防止环境进一步恶化；积极承担由企业生产活动造成的资源浪费与环境污染整治费用。

三、环境成本内部化理论

环境成本内部化理论源自经济学的外部性理论。在经济学理论中，外部性是指"某经济主体的行为对他人或社会造成的一种外部影响，并且这种外部影响是非市场化的，其后果或成本无须由行为人本身承担"。当企业的经济活动存在外部影响时，企业的财务成本并非其真实的生产成本。尤其是当企业行为产生外部不经济时，企业会将部分生产成本转嫁给外部环境或社会其他成员，使企业所承担的成本低于社会成本。在环境成本的研究领域，外部性通常是不经济的，环境成本的外部性通常表现为环境资源的非合理、低效使用。由于环境成本的非经济性，企业自然不会主动承担生产活动所产生的外部成本。如何让企业承担自身活动对外部环境产生的不利影响？排污收费制度就是这种理念下的产物之一。排污收费一度成为国际上进行环境保护和污染治理的通行做法。排污收费制度也在一定程度上实现了外部成本的内部化，减轻了社会负担，提高了企业治理污染的积极性。当然，仅支付一定数额的排污费是远远不够的，企业需要更全面地承担其外部行为产生的不良后果。

环境成本内部化理论是为了应对企业的外部不经济行为而提出的，它要求企业对外部环境所产生的各种不利影响加以确认、计量并作为企业的内部成本进行报告。环境成本内部化理论要求企业应采用"总成本理论"进行会计核算。如果不考虑外部成本，企业的总成本应该等于产品生产成本；如果考虑外部成本，则企业的总成本与生产成本之间就会产生差额。在环境成本内部化理论的要求下,企业进行污染治理所产生的成本,将被计入其生产成本之中,并最终反映在产品的售价上。产品的成本结构中,也将增加单位产品的治污成本。企业管理者可以根据产品成本的构成,制定具有针对性的成本降低策略。在原材料、生产工艺以及人工成本不变的情况下,为了降低成本,只能采取有效措施,如改良生产工艺等,降低污染处理费。通过降低污染治理费用,最终实现企业经济效益与社会效益的双赢。

第三章
绿色成本核算体系的构建

第一节 企业环境成本核算的现状分析

一、现行会计核算体系对环境成本的处理

（一）环境成本的核算内容

在各种企业类型中，生产型企业（或制造型企业）是重要的组成部分，同时也是对环境影响较大的企业类型。生产型企业的环境成本主要包括环保设施的投资和环保活动发生的运营费用等。环保设施的投入主要是建设环保项目支出，可视为一次性投入分期受益，企业一般在在建工程核算，竣工后转入固定资产，日后通过计提折旧进行补偿。环保运营费用主要包括环保设施运行费、环保技术引进费、废弃物处理及再利用成本、绿化费、环境监测费、环境管理体系建设及认证费、排污费、环保罚款、赔偿费、环保宣传费用等，一般在当期损益中列支。

（二）环境成本的账务处理

从环境成本的账务处理过程来看，现行的会计核算体系也非常简单。目

前，大多数企业并未单独设置账户核算环境成本，采用的做法是通过企业已有的会计账户体系进行核算。具体来说，企业通过研发活动研发成功某项环保技术，则会把该项技术计入"无形资产"账户中；企业购置的用于环保的设备则计入"固定资产"账户；企业采购的环保材料也笼统地计入"原材料"账户。环保性无形资产的摊销价值也计入"管理费用——无形资产摊销"账户；主要用于环保的设备折旧计入"制造费用"账户；生产车间领用环保材料进行生产时，其价值也计入"生产成本"或"制造费用"账户。尽管这些处理方式并没有本质上的错误，但却很难从账面上了解企业环境资产的数量和价值等重要信息。不利于财务人员以及外部利益相关者获取相关的会计信息，不能为其决策提供帮助。

（三）环境成本的信息披露

自 2010 年起，我国上市公司中披露环境成本信息的公司数量逐年增多。从具体的披露情况来看，多数企业披露的环境成本信息内容包括企业的环保计划、企业的环保支出或投资、企业的环境治理情况、国家政策、环保法规对企业的影响、企业环保认证情况、来自政府的环保拨款与补助、"三废"的治理情况、绿化费及排污费的支出数额等。有学者的调查研究（张长明、吴宇唯，2017）表明："上市公司更愿意披露定性描述的环境信息，没有触及企业环境成本的实质性内容。例如，在环境信息披露中，数量最多的首先是企业'环境保护方针'的相关内容，占 46.67%；其次为企业'环保设施的建设和运行情况'，占 40%；而环境成本信息中最重要的'企业年度资源消耗总量'信息，披露公司的比例仅为 6.67%。在描述性信息披露中最多的是技术改造、开发资金和排污费内容，为总样本数的 20%，而最低的是其余环保支出，占 6.7%。"

二、现行环境成本核算中存在的不足

（一）核算内容不够全面

目前，大多数企业核算的环境成本主要在生产环节，对研发、采购、营销、废弃物回收等阶段的环境成本则核算较少。究其原因，在于企业发生的废气、废水、废渣等"三废"处理成本、缴纳的排污费、购买的碳排放权、发生的环境监测和审计费用等与生产经营活动有密切关系，很容易被企业纳入成本核算的范围。而企业发生在其他阶段的环境成本由于计量技术和现有企业会计准则的局限而未被纳入企业会计核算系统。

（二）环境成本分配的处理不够合理

从环境成本分配的过程来看，目前存在的主要问题包括：

第一，列支的会计科目不尽合理。大多数企业将发生的排污费计入当期的管理费用之中，从费用产生的根源来看，排污费的发生是因企业的生产经营活动而引发的，不应简单计入期间费用。

第二，环境成本分配标准的选择不合理。一些企业将计入间接成本的排污费、"三废"处理成本等以产品的产量为标准进行分配，并没有考虑环境成本的分配标准与环境成本发生数额之间的因果关系，这样的分配结果并不合理。

从以上分析可以看出，现行的环境成本核算方式已经越来越不适应外部的信息需求，迫切需要构建一套新的、能够满足利益相关主体对环境信息需求的会计核算体系，即绿色成本的核算体系。

第二节　绿色成本的概念、特征与分类

一、绿色成本的概念

在经济学中，成本是指为达到某种目的而不可避免的代价。在会计学中，一种具有代表性的观点认为"成本是取得资财的代价或对象化的费用。"绿色成本与环境成本是一对关系非常紧密的概念。环境成本的含义如上文所述，对于绿色成本的基本概念，郭道扬（1997）将其定义为："绿色成本是以维护生态环境为目标，充分考虑在产品生产前后对生态环境所产生的影响，按照所测定的人力资源、自然资源消耗标准，对产品投入进行计量与控制，并列计所必需的资源消耗与环境治理补偿性费用，使其成为必要消耗与必要补偿组合而成的产品价值的载体。"从中可以看出，该含义表述所包含的成本内容十分丰富，其范围也更为广泛，从该视角出发可以将环境成本视为绿色成本的重要组成部分。

从学者的研究成果来看，如何界定绿色成本的内涵，有广义与狭义两种观点。广义绿色成本是企业发生的外部环境成本与内部环境成本的合计，它包括企业在生产经营过程中从产品研发、生产、销售、使用、回收处理的完整过程。既包括企业支付的各种与环境相关的费用，也包括社会、政府为保护环境支付的费用。狭义的绿色成本仅指应该由企业负担的环境费用。出于研究方面的考虑，本书在后续内容中所述的绿色成本与郭道扬所界定的绿色成本相比，在范围上大大缩小，其主要内容是企业在生产产品、提供劳务的过程中所发生的各种环境性支出，其他项目不包括在内。为了与传统的成本

核算相区别，本书将对企业各种环境支出的核算确定为绿色成本核算的对象或内容，因此，本书所述的绿色成本核算可以将其理解为绿色的成本核算，而并非绿色成本的核算，是狭义的绿色成本。

二、绿色成本的构成

对于绿色成本的具体构成内容，学者们亦有不同的观点。本书以狭义的绿色成本为基础，结合已有的研究成果，将绿色成本的构成内容界定为以下几项：

（一）预防性绿色成本

预防性绿色成本是指为了预防或减轻企业生产活动对环境的污染与损害在事前发生的成本。主要包括：环保设施的购置费、环保工艺与技术的研发投入、环保设备的折旧、环保机构的经费、社会环境保护公共工程和投资项目的建设、维护、更新费用中由企业负担的部分；以绿色原材料替代原有非绿色原材料的成本；采用绿色包装替代原有非绿色包装的成本等。

（二）治理性绿色成本

治理性绿色成本是指企业为了治理由生产经营活动造成的环境污染与损害而发生的成本。主要包括：为减少或消除废气、废水和废渣对环境的污染而发生的成本；消除对土壤和地下水的污染而发生的成本；为消除或减少生产活动产生的噪声、辐射而发生的成本以及与污染治理相关的各类管理费用等。

（三）恢复性绿色成本或再生成本

恢复性绿色成本是指为了对企业生产遭受的环境资源损害给予修复而引发的支出。再生成本是指企业在经营过程中对使用过的环境资源进行处理，使之再生而发生的成本。如造纸厂、化工厂等对废水净化而产生的成本。

（四）废弃物再利用成本

废弃物再利用成本是指企业为了对生产经营过程中产生的废弃物以及产品使用后废弃的产品和包装物进行回收再利用而发生的成本。主要包括：废弃物的回收成本、废弃物的处理成本、废弃物的再利用成本以及相关管理成本等。

（五）补偿性绿色成本

补偿性绿色成本是指企业为补偿因环境污染或损害而向政府有关部门、其他企业或个人支付的赔偿款或罚款。主要包括：企业缴纳的环保税、环境罚款以及因环保诉讼而发生的诉讼费等。

三、绿色成本的特征

从绿色成本的构成可以看出，它不同于一般的成本，具有以下主要特征：

（一）高度的不确定性

绿色成本的发生通常具有突发性或不可预见性，因而具有高度的不确定性。在企业的产品成本中，直接材料、直接人工均可以根据产品的产量、工时等数据进行预测，甚至制造费用这种间接成本也可以采用具体的预测方法进行合理预测。但企业的绿色成本则无法进行预计。绿色成本的这一特点带来了管理上的困难。

（二）滞后性

企业生产经营活动对环境造成的损害一般在环境事项发生的当时并不显现其不利，这是因为环境有一定的荷载能力，只有超过环境的荷载能力才会显现。企业绿色成本的滞后期取决于环境的荷载能力，荷载能力强则滞后期长，反之则短。绿色成本的这一特点要求企业在核算时应该保持一定的前瞻性。

（三）强制性

伴随着社会与广大社会公众对环境保护意识的增强，国家从法律制度上着手，管理和限制企业的环境污染行为，并通过其他各种措施监督企业的环境责任落实情况。我国从1994年开始，陆续发布了各种法律法规，既引导企业进行绿色生产，也强制约束企业的环境损害行为。

（四）持续增长性

环境作为重要的资源，也具有稀缺的特点。随着环境资源不断被利用并消耗，其价值必然呈现递增的趋势。企业是环境的主要污染者和使用者，其对环境资源损耗将承担日益重大的责任，环境成本也将呈递增的趋势。此外，广大社会公众的环保意识日益增强，对环境质量的要求将越来越高。为了响应公众的环保诉求，政府部门将不断完善环境方面的政策法规，对企业的约束与监管也将逐渐增强，这也会促使企业的环境成本不断上升。

第三节　绿色成本核算体系的内涵界定与目标

一、绿色成本核算体系的内涵界定

现行的成本核算体系是以经济人假定为基本前提。经济人假定源于现代西方经济学，该假定认为：一个经济组织，包括家庭、企业等追求的目标是其自身经济利益的最大化，通常不考虑自身利益以外的利益，如社会利益、环境利益等。因此，基于经济人假定的成本核算体系只考虑企业或单位内部资金运动过程中对原材料、机器设备等物化劳动的消耗和必要劳动价值的补偿，对自然资源和环境资源的消耗没有考虑在内。可以看出，现行成本核算体系下的成本=物质成本+人工成本+其他相关成本，忽略了自然资源成本与环境资源成本，这在一定程度上鼓励了企业通过损害环境、过量消耗自然资源的方式来谋求自身的经济利益。

把环境资源的消耗计入产品与劳务的生产成本中，不仅可以提供更加真实、准确的产品成本。而且，采用"成本化"的方式处理环境支出也会促使企业从降低成本的角度关心各项环境性支出，从而为企业经济效益及市场竞争力的提高奠定基础。因此，在现行的会计核算体系中加入环境因素，通过企业的会计系统来记录、核算和监督环境资源的使用情况，让长期处于会计核算体系之外的环境资源"回归"会计核算的范围，努力构建符合这一要求的绿色成本核算体系就成为一种客观要求。该体系的建立有助于将企业的外部成本内部化，进而促使企业的个体经济效益同整个社会的经济效益相互协调、统一。

"若干有关事物或某些意识互相联系而构成的一个整体称为体系。"[①]按照这一思路，本书将绿色成本核算体系的含义界定为："在成本核算的过程中，为了达到绿色核算的目的，一定的计价单位与计量属性，一定的成本核算方法与核算程序相结合的核算体系，它是企业成本核算过程'绿色化'的整体要求与体现。其要素主要包括：绿色成本核算的目标、绿色成本核算的原则、绿色成本核算的账户体系、成本项目设置、成本核算程序、绿色成本信息的披露等。"其基本框架结构如图3-1所示。

对于绿色成本核算含义的表述，学者们有不同的观点，本书认为"所谓绿色成本核算是指对环境成本进行确认、计量、记录和报告的活动及其过程。"可以看出，该含义与会计核算的基本表述基本一致，因为成本核算是会计核算的重要组成部分。早期的成本核算是由财务会计附带完成的，因

---

① 汉语词典（第六版）[M]. 北京：商务印书馆.

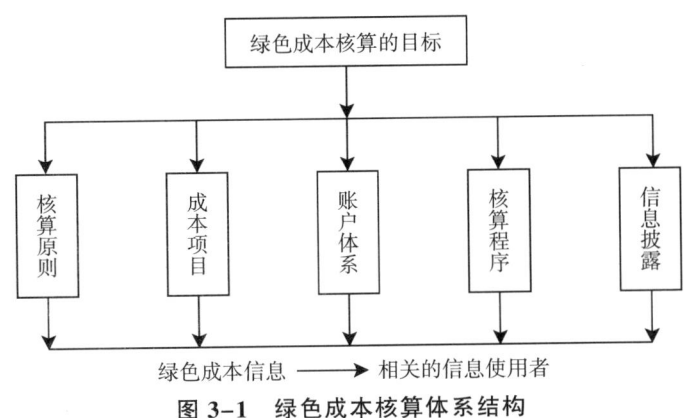

图 3-1 绿色成本核算体系结构

此,成本核算是财务会计核算的重要组成部分。

二、绿色成本核算的目标

"财务报告目标也称会计目标或会计报表目标,是指在一定的会计环境中,人们期望通过会计活动达到的结果,或者是财务会计信息系统要达到的目的和要求。"①现行会计准则——基本准则第四条规定,财务会计报告的目标是向财务会计报告使用者提供与企业财务状况、经营成果和现金流量等有关的会计信息,反映企业管理层受托责任履行情况,有助于财务会计报告使用者做出经济决策。"作为财务会计活动的重要组成部分,绿色成本核算的目标应该保持与财务会计的目标一致。许多国家将其作为制定或者修订财务会计概念框架的逻辑起点。财务会计目标主要解决的问题包括:向谁提供会计信息和提供什么样的会计信息。因此,绿色成本核算也需要解决以上两个问题。在设定财务会计目标的过程中,出现过两种主要观点——受托责任观(Stewardship Approach) 和决策有用观 (Decision-usefulness Approach)。这两种观点是不同经济环境下的产物,"受托责任观适用于所有者和受托者都十分

---

① 刘永泽,陈立军. 中级财务会计(第三版)[M]. 大连:东北财经大学出版社,2014.

清晰的市场经济环境；决策有用观适用于资本可以趋利性流动、所有者（委托者）缺位和模糊的市场经济环境"（葛家澍，1995）。

作为财务报告目标重要理论依据的"受托责任观"，其产生的经济环境较为简单。受托责任"是指资源的管理者（即受托人）对资源所有者（即委托人）交付的资源承担进行有效经营与管理的责任"。受托责任观假定企业管理者及其所有者、债权人等之间是平等的契约关系，委托人需要定期对企业管理者的管理和经营活动进行评价。在受托责任观之下，财务报告的目标被界定为："以恰当的方式或尽可能准确的方式如实反映和报告经济资源受托者的受托经济责任及其履行情况。"因此，受托责任观主要针对的是现有的外部财务报表使用者，侧重于报表的真实价值。正因如此，受托责任观在具体的会计原则方面具有以下特点：第一，在会计信息的质量方面，倾向于会计信息的可靠性与客观性；第二，在会计确认方面，主要对已经发生的事项进行确认；第三，在会计计量方面，主要采用具有可验证性的历史成本进行计量；第四，在财务报表的列表方面，更加关注经营业绩的披露，而不是经济资源的披露。总体来说，受托责任观主要表现为对"利润表观"的偏好。

伴随经济环境的不断发展，潜在投资者的出现、公司治理结构复杂化等，信息不对称问题日益显现，决策有用观逐渐成为主流的财务会计目标。决策有用观假定财务报告信息对所有投资者、债权人等进行合理投资、信贷决策是有用的。因此，将财务报告的目标确定为"向财务报告使用者提供对其决策有用的信息"。与受托责任观相同，决策有用观也以所有权和经营权的两权分离为前提，更加关注资本市场中现有的和潜在的财务报告使用者。因此，在决策有用观的引领下，财务报告的信息不仅包括向所有者反映受托人受托责任的履行情况部分，还包括可能影响现有投资者的决策辅助部分。从财务报表信息使用者来看，既包括现有的使用者，也包括潜在的使用者，更偏重于财务报告的预测价值。也正因如此,决策有用观在具体的会计原则方面具有以下特点:第一,在会计信息的质量方面,倾向于会计信息的相关性与有用性;第二,在会计确认方面,不仅对已经发生的会计事项进行确认,还关注对企业产生影响的未来事项;第三,在会计计量方面,主要采用公允价值或现行价值法进行计量;第四,在财务报表的列表方面,更加关注经济资源的披露,而不是经营业绩的披露。总体来说,"决策有用观"主要表现为对"资产负债表观"的偏好。

在成本核算过程中,所采用的方法、程序等都与财务会计保持一致。成本核算形成的会计信息也是财务会计信息的重要组成部分。从二者的关系中可以看出,成本核算的目标是在财务会计核算目标之中的更为详细和具体的子目标。财务会计是主要服务于投资者、债权人等为主的外部信息使用者,通过财务报告提供相关信息。按照"决策有用"观的要求,成本核算系统所提供的成本信息应当在企业决策中发挥必要作用。只有客观、真实的成本信息才能够对企业的相关决策起到支撑作用。而该作用的发挥首先要求产品成本在结构上要科学、合理,并符合成本的理论意义。

在绿色成本核算理念的要求之下,绿色成本的核算目标可以划分为基本目标与具体目标。本书将绿色成本核算的基本目标界定为:为了促使企业在生产经营过程中重视生态环境的价值,合理开发自然资源,努力构建企业与环境之间的良性关系,通过确认、计量、记录、报告等会计处理环节,对自然资源的耗费、环境支出和相关费用进行有效的价值管理,为企业管理层、社会公众等信息使用者提供所需的环境成本信息,最终实现企业生产与生态环境之间的良性物质交换,谋求企业经济效益、环境效益和社会效益的统一,并能够形成企业自身的竞争优势,最终实现企业价值的最大化。绿色成本核算的具体目标是以基本目标为统领而进行的细化表述,也是对基本目标的分解。因此,绿色成本核算的具体目标主要有:第一,合理确认企业生产经营活动对自然资源的损耗；第二，正确计量企业生产经营活动所消耗自然资源的价值量；第三，及时为有关信息的使用者提供决策所需的各类环境成本信息等。

第四节　绿色成本的确认与计量

一、绿色成本的确认

"会计确认是把一个事项作为资产、负债、收入和费用正式加以记录和列入财务报表的过程。会计确认包括用文字和数字来描述一个项目，还包括对项目随后发生变动或清除的确认"。为了正确进行会计确认，应当遵循会计确认标准。美国 FASB 于 1984 年在第 5 号财务会计概念公告《企业财务报表项目的确认和计量》中提出了会计确认的四个标准，即可定义性、可计量性、相关性和可靠性。可定义性是指被确认的项目应符合财务报表某个要素的定义；可计量性是指被确认的项目应具有一个相关的计量属性，足以充分可靠地予以计量；相关性是指被确认的会计要素应当对信息使用者有用，在确认时尽量排除不相关的会计信息，确认相关的会计信息；可靠性是指被确认的会计信息是真实的、可验证的和中立的。会计确认的基础包括：权责发生制和收付实现制，现代会计以权责发生制为主要确认基础。

目前，我国还没有相关准则对绿色（环境）成本进行具体规范，造成实务工作中无章可循的局面。基于会计确认的一般要求，绿色成本的确认，首先，应该基于权责发生制进行；其次，应该符合可定义性、可计量性、相关性和可靠性四项标准。具体而言，绿色成本的确认应注意以下内容。

(一) 绿色成本的范围界定

在进行绿色成本确认的过程中，首先要明确的是哪些会计事项与绿色成本有关，即绿色成本事项的范围应该如何界定。企业发生的交易或事项是否与环境保护活动有关，除了企业自身的判断标准以外，实际上国家的有关环保规定更为权威与直接，企业可以此为标准进行环保活动的界定。从1994年开始，我国相关部门先后发布了多个相关规定，具体如表3-1所示。

表3-1 我国绿色生产管理的相关政策

时间	政策	意义
1994年	《中国21世纪议程——中国21世纪人口、环境与发展白皮书》	清洁生产在我国有法可依
1997年	《关于推行清洁生产的若干意见》	清洁生产第一次作为独立发布的政策问世
1998年	《建设项目环境保护管理条例》	工业建设项目应当采用能耗小、污染物排放量少的清洁生产工艺
2002年	《中华人民共和国清洁生产促进法》	确立了清洁生产的法律地位
2007年	《节能减排综合性工作方案》	将清洁生产列为节能减排的重要途径
2012年	《关于加快完善环保科技标准体系的意见》	颁布绿色生产相关技术推广政策
2013年	《2013年工业节能与绿色发展专项行动实施方案》	大力推进生态文明建设，推动工业绿色发展、循环发展、低碳发展

资料来源：张孟豪，龙如银. 新形势下企业绿色生产管理的研究与探索[J]. 河南社会科学，2016（4）：50-53.

(二) 绿色成本的确认条件

进行绿色成本的核算首要环节就是确认，只有确认为绿色成本才能进行后续的处理环节。一般来说，是否属于绿色成本的核算范围可以从三个方面进行界定：

第一，企业发生的交易或事项是否与环境保护活动有关。

第二，企业与环境保护有关的活动是否引起企业经济利益的流出，经济利益流出企业的表现形式主要有两种：资产的流出和负债的增加。

第三，绿色成本的金额是否可以进行可靠的计量或合理估计。如果这三个方面均满足则确认为是绿色成本。

(三) 绿色成本的资本化与费用化处理方式

企业的绿色成本应该进行资本化处理还是费用化处理,取决于该种支出属于收益性支出还是资本性支出。"凡支出的效益仅及于本年度(或一个营业周期)的,应当作为收益性支出;凡支出的效益及于几个年度(或几个营业周期)的,应当作为资本性支出"。从中可以看出,所谓收益性支出,是指该项支出的发生是为了取得本期收益,即仅与本期收益的取得有关,因此必须反映在本期的损益之中。资本性支出则是指该项支出的发生不仅仅为了本期收益,而是与本期和以后若干期的收益有关,所以,应在以后逐步分配计入各期的费用之中。

在进行绿色成本的处理过程中,应该进行资本化还是费用化处理,除了基于受益期的判断标准之外,还可以采用一个简单适用的原则,即企业为预防未来的活动对环境造成损害的成本应进行资本化处理;为了减少由于企业过去的活动对环境造成损害的成本应进行费用化处理(见表3-2)。

表3-2 绿色成本资本化与费用化选择

支出目的	支出项目	处理方式
预防性环境成本	环保设备购置	资本化
维护性环境成本	环保设备维护费	资本化
维护性环境成本	环保设备折旧	资本化
预防性环境成本	环保技术研发投入	资本化
预防性环境成本	环保技术摊销	费用化
预防性环境成本	产品绿色包装费	费用化
预防性环境成本	职工环保教育经费	费用化
补偿性环境成本	环境保护税	费用化
补偿性环境成本	排污费	费用化
补偿性环境成本	环境损害赔偿费	费用化

续表

支出目的	支出项目	处理方式
预防性环境成本	环保机构经费	费用化
补偿性环境成本	废弃物处理费	费用化
预防性环境成本	厂区绿化费	资本化
补偿性环境成本	环境损害准备金	费用化
补偿性环境成本	环境诉讼费	费用化

二、绿色成本的计量

"会计确认与会计计量是密不可分的，没有纯粹的会计确认，也没有纯粹的会计计量，因此，必须将二者结合起来才有意义"。会计计量是将符合确认条件的会计要素登记入账，并列报于财务报表且确定其金额的过程。计量是一种模式，它由计量单位和计量属性两个要素构成。任何计量都必须首先确定采用的计量单位。对会计计量而言，必须以货币为主要计量单位。这里的货币是一国或地区的法定货币，并且以名义货币作为会计的计量单位。计量属性则是指"被计量对象的特性或外在表现形式，即被计量对象予以数量化的特征"。会计的计量属性主要包括：历史成本、重置成本、可变现净值、现值和公允价值等。

绿色成本的计量是对绿色成本确认的结果予以量化的过程。由于绿色成本的特殊性，在进行绿色成本的计量过程中如何选择计量单位、计量属性以及计量方法，都产生了不同的观点。

在计量单位的选择方面，由于许多环境资源无法用货币进行准确计量，大部分研究认为应采用定性与定量相结合，以货币计量为主，同时采用实物单位，并辅以劳动指标、技术指标以及文字说明等多种计量手段。

对绿色成本计量属性的选择方面，国内学者的观点比较一致，均认为应根据环境成本的特点进行灵活选择。林万祥（2001）认为，环境成本的计量应该以历史成本和现行成本为计量属性，以货币计量为主，并辅之以实物、技术计量单位。对涉及未来可能的环境支出时，可以参考使用非历史成本计量属性。肖序等（2001）认为，应采用可变现净值的计量属性进行成本计量。李惠玲等（2011）认为，由于环境成本具有滞后性、潜在性和连续性等特点，计量属性不仅包括历史成本、重置成本等传统属性，还应该包括机会成本属性。出于会计实践的考虑，本书认为，我国现阶段进行绿色成本计量时，应该以历史成本和重置成本为主要计量单位。

绿色成本的具体计量方法可以分为与计量属性相关的计量方法和与产品生产成本相关的计量方法。肖序等在《环境会计理论与实务研究》中认为，对涉及未来环境支出的负债、环境损害准备金提取时，可以采用恢复费用法、防护费用法、政府认定法、法院裁定法。这是与计量属性相关的计量方法的典型代表。与产品生产成本相关的计量方法主要包括全额计量法、差额计量法和比例分配计量法等。

（一）恢复费用法

恢复费用法是指估计恢复或更新由于环境污染而被破坏的生产性资产所需的费用。恢复费用法的基本思想是：假设环境污染无法治理时，在对环境的质量依据规定的标准进行评估时，当其结果低于环境标准要求时，则需要使用有效的方式使环境恢复到受损害之前的状态，达到标准的环境要求。企业将环境恢复到受损害之前的状态所发生的费用就是恢复费用，类似于重置完全成本计量属性。从恢复费用法的定义中可以看出，该种方法使用的是损害发生之后的情况，但对于企业在产品的生产、原料的供应以及废弃的排放等过程中产生的环境成本并没有涉及。所以，采用这种方法得出的环境成本不全面，缺乏一定的准确性。

（二）预防费用法

当企业意识到自身的生产经营活动将会对环境产生不利影响时，通常会采取有效的预防措施来降低对环境的污染。企业采取各种预防措施所发生的费用就是预防费用法视域下的环境成本。企业可以采取的预防方式有多种，比如：更新生产设备提高生产效率来降低对环境的污染；安装环保装置，减少污染物排放；建立独立的环境保护和污染处理部门并聘用专业的环保人员来集中处理污染物质；与企业所在地的政府和公众进行合作，由政府和企业出资，公众进行监督，企业负责实施具体工作防治环境污染等。预防费用法适用于环境损害发生之前，采用这种方法得出的环境成本与实际发生的环境成本存在差异，需要根据实际发生的环境成本进行必要调整。

（三）政府认定法和法院裁定法

政府认定法是指，当企业的污染达到一定标准之后，政府环保部门会要求企业采取必要措施减少对环境的污染。对环境的治理，可以采取不同的方式。如企业自行治理、企业出资政府统一治理和企业与有关方共同治理等。企业可以将政府环保部门要求支付或企业实际发生的支出作为环境成本的金额入账。法院裁定法是指，由于企业的环境污染行为导致纠纷，进而诉诸法律时，法院判决的企业承担金额。企业在计量时，可以法院裁定结果中所确定的金额作为企业的环境成本金额。从以上两种方法的定义可以看出，政府认定法与法院裁定法同属于企业环境成本的认定依据，有助于企业对环境成本的计量，同时，因为它们都是由第三方公正认定的金额，因而具备了一定程度"公允价值"计量属性的特点。

（四）全额计量法

全额计量法是指，企业为了解决某一项具体的环境问题时所支付的成本与费用全部计入环境成本的一种方法。在企业的环境支出中，许多项目都具有这样的专属特点，因而适合采用全额计量的方法。比如，企业环保认证费用、职工环保培训费、环境风险准备金、排污许可证费、污染物处置费、环保罚款、环保机构费用等。这种方法是一种非常简单的计量方法，易于理解，可以广泛使用。

（五）差额计量法

差额计量法是指，在进行环保投资时，根据投资的总金额减去没有环保功能的投资支出的差额来计量企业环境支出的一种方法。差额计量法主要适用于环保资产的投资和环保材料的购置两种情况。例如，企业购买一台兼具一般生产功能和环保功能的设备，价值200万元，假如同种类型的设备不具备环保功能，市场价值为150万元，则二者的差额50万元就是企业的环境成本。再如，企业从市场购入一批环保材料，价值20万元，同种类型的非环保材料，价值18万元，则企业的环境成本就是2万元。从中可以看出，差额计量法很好地解决了环保资产与非环保资产混合时的价值认定问题，是一种具体的认定方法，有助于企业的环境成本计量。

（六）分配计量法

在企业的环境成本中，并不是所有的项目都有着明确的受益主体，比如企业的废弃物治理成本、环保部门人工成本等。这类成本必须采用合理的分配标准进行分配处理。分配计量法即采用合适的分配标准将发生的环境成本分别计入各受益主体的一种方法。这种方法的思想是：企业的环境成本是由两个或两个以上的主体共同引发的，但在发生时无法确定每个受益主体的具体承担金额，因而在特定时间点（如月末）进行分摊。

环境成本的计量是核算过程中的难点之一，它关系到核算结果的正确与否。因此，企业在实际的处理过程中要结合企业的实际情况、行业特点综合判断如何选择合理的计量方法。根据一贯性原则的要求，当计量方法选定之后，在一个会计年度内应保持方法的一致。当企业的业务发生变化时，可以进行必要调整，进而提供更加合理的企业环境成本信息。如表3-3所示。

表 3-3　具体环境事项计量属性选择参考

具体环境事项	计量单位	计量属性	计量方法
环保设备购置	货币	历史成本	实际支付法
环保设备维护费	货币	历史成本	实际支付法
环保设备折旧	货币	历史成本	差额计量法
环保技术研发投入	货币	历史成本	实际支付法
环保技术摊销	货币	历史成本	差额计量法
产品绿色包装费	货币	历史成本	实际支付法
职工环保教育经费	货币	历史成本	实际支付法
环境保护税	货币	历史成本	实际支付法
排污费	货币、非货币	历史成本	法律法规约定法
环境损害赔偿费	货币	历史成本	实际支付法
环保机构经费	货币	历史成本	实际支付法
废弃物处理费	货币、非货币	历史成本	实际支付法
厂区绿化费	货币、非货币	历史成本	实际支付法
环境损害准备金	货币	现值	实际支付法
环境诉讼费	货币	历史成本	法院判决法

可以看出，由于环境资源的特殊性，绿色发展理念下的会计计量与传统会计计量相比，存在明显的差别。

第一，由于环境资源的多样性，仅从货币角度对各种环境资源进行计量是无法满足需要的，必须采用以货币为主、以实物计量为补充计量方式的多元计量体系。

第二，由于环境资源存在不易量化的特点，会计实务中可以采用历史成本结合边际成本、替代成本、机会成本、公允价值作为计量的方法。

第三，由于环境资源的稀缺性，不能仅仅通过交易的方式衡量其价值，还需要将劳动价值理论和边际价值理论相结合来衡量环境资源的价值，构建环境资源价值计量的完整评价系统。

尽管环境资源的特性对会计计量造成了一定困难，但可以从传统会计计量的角度出发，结合可持续发展理念和新的计量思想，创立切实可行性的环境会计计量方法。

第五节 账户体系设置及主要事项会计处理

一、账户体系的设置

账户是根据会计科目的有关规定设置的，用以分类核算经济业务的结构形式。账户在会计核算过程中具有重要的作用。首先，账户核算经济业务，即账户记录每笔经济业务所引起的企业资金数量发生的增减变化；其次，账户记录会计信息，即在账户中能够记录经济业务所引起的资金变化；最后，账户提供会计信息，即在特定的时间，会计主体可以根据账户所记录的会计信息，按照相关规定，向有关方面提供企业财务状况、经营成果、现金流量等方面的信息。可以说，账户体系是会计核算的重要基础，是进行会计处理的重要载体。在绿色成本核算体系中，为了达到核算绿色成本、记录绿色成本和提供绿色成本信息的目的，也必须具备一套完整的账户体系。

在现行的核算体系中，没有单独的一级会计账户核算企业的环境成本，是在"管理费用"账户中增设二级账户，如排污费、环境治理费等记录企业的环境成本。关于环境成本核算的账户设置，国内的学者亦有不同的观点。刘花兰、张孝友（2007）认为，环境支出类账户应包括"环境资本支出""环境费用支出"和"环境恶性支出"三个账户。任月君、张凯华（2015）认为，企业应根据自身的实际情况，在设置"环境成本"一级账户的同时，设置二级账户进行核算。对于可以资本化的成本在"环境资产"账户下处理。

本书认为，在绿色成本核算体系的账户体系中，除了基本的账户如生产成本、制造费用等之外，为了详细核算企业发生的各类环境支出，可以独立设置"环境成本"或"环境支出"一级账户。该账户的属性为成本类，账户的借方登记企业在一定期间发生的环境支出，贷方登记环境支出的冲减与分配转出金额。可以按照生产车间、部门和环境支出的费用项目开列该账户的明细账；也可以按照支出的目的设置，如预防性环境成本、恢复性环境成本、补偿性环境成本等，账页以多栏账页为主。会计期末，该账户一般无余额。

二、主要环境事项的会计处理

从我国目前的实际状况来看，企业所发生的环境支出主要包括：排污费，这也是最容易为企业所感知的环境成本，是许多企业环境成本的构成主体；环保设备的运行费用，如环保设备的折旧费、材料费、人工费等；绿化费；环境清理费用等。主要事项的会计处理如下：

企业购入环保设备时，若设备需要安装，则借：在建工程，贷：银行存款等；若设备不需要安装，则借：固定资产，贷：银行存款等。

月末，计提各种环保设备的折旧时，借：环境成本——预防性环境成本，贷：累计折旧。

月末，计提环保部门人员的工资、奖金、福利等职工薪酬时，借：环境成本，贷：应付职工薪酬——工资、福利费等。

环保部门领用材料物资时，借：环境成本——预防性环境成本，贷：原材料、周转材料、材料成本差异等。

支付排污费、绿化费等费用时，借：环境成本——补偿性环境成本，贷：库存现金、银行存款等；若受益期在一年以上且金额较大时，借：长期待摊费用，贷：相关科目。在摊销期内进行分摊时，借：环境成本——补偿性环境成本，贷：长期待摊费用科目。

预提环境支出时，借：环境成本——预防性环境成本，贷：其他应付款或预计负债等相关科目。

月末，将环境支出分配计入有关的成本核算对象时，借：生产成本——基本生产成本或辅助生产成本科目，贷：环境成本。

三、成本项目的设置

成本项目是生产费用按照经济用途分类后确定的名称，也可以称为产品成本项目或产品生产成本项目。成本项目既是产品成本结构的展示，也是成本分析的对象。将计入产品成本的费用划分为不同的成本项目，不仅可以清晰地反映产品成本的构成，有利于分析、考核成本计划的执行情况，而且有助于找出成本增减的主要原因，从而为降低产品成本确定对象。我国企业设置的成本项目主要有："原材料（直接材料）、工资及福利费（直接人工）、燃料及动力、制造费用等。[①]这种成本项目的结构是制造成本模式的体现，主要揭示在产品生产、劳务提供过程中所发生的各项支出，提供更加详细的信息。"在绿色核算理念的要求下，需要调整传统的成本项目结构，增加环境支出成本项目来记录企业产品和劳务成本中应计入的环境成本数值。传统成本核算与绿色成本核算成本项目构成对比，如表3-4所示。

表3-4 传统成本核算与绿色成本核算成本项目构成对比

传统核算体系	绿色核算体系
1. 直接材料	1. 直接材料
2. 直接人工	2. 直接人工
3. 制造费用	3. 制造费用
4. 其他	4. 环境支出
	5. 其他

[①] 万寿义，任月君. 成本会计（第三版）[M]. 大连：东北财经大学出版社，2016.

四、绿色成本核算的一般程序

所谓成本核算程序,是指在成本核算过程中,各核算步骤之间的前后顺序及其相互关系。制造业企业成本核算程序的主要步骤有:以成本计算对象为主要依据设置成本计算单与明细账;要素费用的归集与分配;辅助生产费用的汇总与分配;制造费用的归集与分配;生产费用在完工产品与在产品之间的核算;结转已完工入库的产品成本。绿色成本核算体系的核算程序具体如图 3-2 所示。同传统的成本核算程序相比,绿色成本核算的主要变化有:

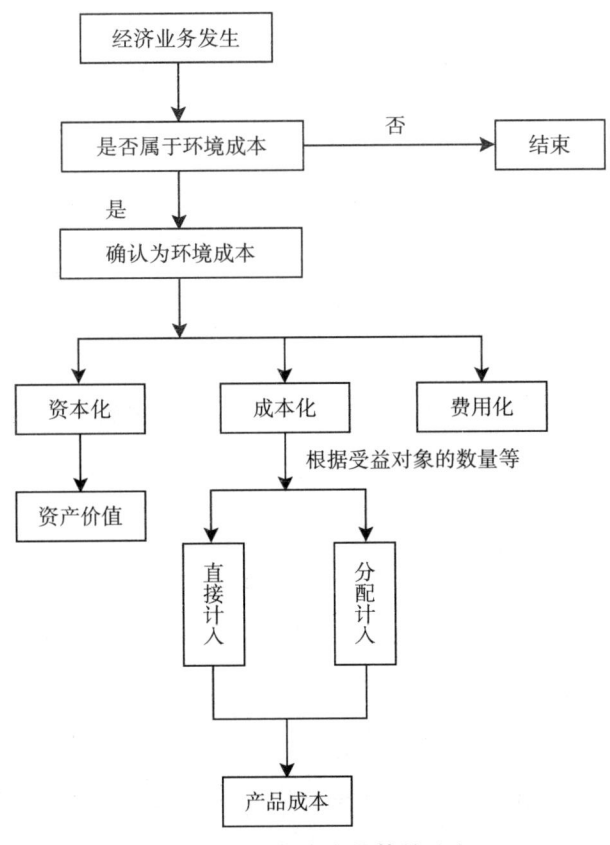

图 3-2 绿色成本核算的流程

第一，产品成本计算单的项目结构存在差异；第二，要素费用所包括的内容更加广泛；第三，辅助费用的归集与分配处理更加复杂，因为企业废弃物的处置一般是由辅助车间或部门来完成的，尤其是辅助生产费用的分配处理环节，在分配方法的选择上要更加合理。

第六节 绿色成本信息的披露

为了提高绿色成本信息的有用性，还应该提高其披露方式的科学性、合理性。资产负债表和利润表等财务报表是财务信息的重要载体，所以绿色成本核算带来的变化也应当在其中有所体现。绿色成本信息的内容丰富多样，既有定性的信息也有定量的信息，既有货币性信息也有非货币性信息。因此，对于绿色成本信息的披露，可以有不同的模式选择。

一、非财务信息披露模式

财务报告包括财务报表和其他应当在财务报告中披露的信息。其他应当在财务报告中披露的信息主要包括：企业相关机构人员的聘任、薪酬和公司治理等信息。而财务报表包括报表本身和报表附注。其他信息与附注通常都以文字描述为主。可以将不能在报表中反映以及报表附注中说明的方式统称为非财务信息形式的披露方式。在这种披露模式下，企业通过文字将本企业对环境成本的界定、环境成本的分类、公司所采取的环境政策、公司所面临的环境风险以及所采取的措施等进行描述。这种披露模式下，披露格式与内容没有具体的法律规定，由企业根据自身的情况进行选择，只要做到所要披露的内容真实、公允即可，不影响财务报表的编制与披露。非财务信息大多以文字描述的形式对企业的相关环境状况进行描述，是一种初级模式。例如，安阳钢铁在 2017 年年报的十七部分——积极履行社会责任的工作情况中，对企业的环境信息以文字描述，主要披露公司环保设施建设和运行情况，公司环境技术开发情况，公司排放污染物种类、数量、浓度和去向，生产过程中产生的废物处理、处置情况，废弃物的回收以及综合利用情况等内容（见表 3-5）。这种披露模式具有很强的灵活性，由于以定性披露为主，操作简单，为我国大部分企业所采用。在这种模式下，只能大体反映企业环境成本金额的大小、资金流向等相关指标。

表 3-5　安阳钢铁 2017 年排放污染物种类、数量、浓度和去向

污染物	排放量	浓度	排放去向
SO_2	3227（吨/年）	达标（mg/m^3）	大气
烟尘	615（吨/年）	达标（mg/m^3）	大气
粉尘	2129（吨/年）	达标（mg/m^3）	大气
COD	0（吨/年）	达标（mg/l）	无
石油类	0（吨/年）	达标（mg/l）	无
挥发酚	0（吨/年）	达标（mg/l）	无

资料来源：安阳钢铁 2017 年年报。

二、融入现有财务报表披露模式

这种披露模式强调企业环境成本信息与现有财务报表的融合。它是在现有财务报表中，将有关的环境成本项目直接反映在报表中，主要是通过增加相关报表项目的方式反映环境成本信息，没有改变原有的财务报表格式。这种披露模式中的有关环境成本科目多是影响收入、费用类项目，进而企业利润。对于一些在报表中无法确认和具体说明的但对报告使用者有影响的环境成本信息可以在附注中加以说明。此种方式是环境成本信息披露的中级模

式，比单纯地采用文字描述有很大的进步。这种披露模式将企业经营、管理活动对环境的影响反映在报表中，使得企业更为客观、公正。例如，我国目前会计准则对环保的罚款等支出直接反映在利润表的营业外支出中，对企业购入的相关环境设备则反映在资产负债表的固定资产中，没有进行单独反映。所以，这种披露模式相对比较简单，但报表中反映不出企业的环境成本金额以及企业对环境的投入力度。

三、编制独立的绿色成本报告模式

企业在每一年度末将会编制同会计报表一样的单独的环境成本报告，披露企业在每一年度与环境有关的资金支出以及政策、措施等。通常，环境成本报告包括企业制定的相关环境政策、目标和方法、措施等，以及资源的使用、产品的生产和独立的环境成本报表等。这种方式所呈现的环境成本信息比与现有的财务报表相结合的披露模式来讲，包含的信息是具体和全面的，涉及企业生产经营的全过程，将环境成本因素融入企业整个经营管理决策之中，同财务报告一样共同为利益相关者提供与决策相关的信息。这种披露模式将环境成本列为一个单独的科目，同会计一样有其与本身相适合的报告，使环境成本信息披露能够为信息使用者提供更加准确、可靠的环境成本信息。

例如，紫金矿业股份有限公司发布年度环境报告书，在报告书中披露了有关环境管理、重大环境问题处理情况以及公司环保守法情况等。而且在公司环保守法情况中详细披露了污染物达标排放情况，固体废物和危险废物处理处置、排污费的缴纳情况等内容，以便于信息使用者和决策者了解企业对环保的政策与措施（见表3-6至表3-8）。我国很多企业虽然陆续披露环境报告书。但是，正如紫金矿业的披露内容一样，重点披露企业的环境管理措施、排放污染物的情况和取得的直观效果，对于企业的环境投入指标相对披露较少。

表 3-6　2017 年紫金矿业权属矿山、冶炼企业水土资源使用情况

年份	2017	2016	2015
水资源消耗量（吨）	40455240.7	30914631.8	30103250.0
水资源回收率（%）	87.44	87.86	85.82
万元产值耗水量（吨）	2.163	2.365	2.420
新增矿山使用土地（平方米）	1716846	2179089	3020033.2

资料来源：紫金矿业 2017 年社会责任报告。

表 3-7　2017 年紫金矿业权属矿山、冶炼企业主要气体污染物排放情况

污染类型	污染因子	单位	2017 年	2016 年
气体污染物	二氧化硫	吨	1929	2098
		吨/万元产值	1.03×10^{-4}	1.65×10^{-4}
	氮氧化物	吨	983	1082
		吨/万元产值	5.26×10^{-5}	8.51×10^{-5}

资料来源：紫金矿业 2017 年社会责任报告。

表 3-8　2017 年紫金矿业权属矿山、冶炼企业主要水污染物排放情况

污染类型	污染因子	单位	2017 年	2016 年
水污染物	COD	吨	809.9	858
		吨/万元产值	4.33×10^{-5}	6.74×10^{-5}
	氮氧	吨	35.83	37
		吨/万元产值	1.92×10^{-6}	2.91×10^{-6}
	总锌	吨	1.24	1.3
		吨/万元产值	6.63×10^{-8}	1.02×10^{-7}
	总铜	吨	1.13	1.2
		吨/万元产值	6.04×10^{-8}	9.43×10^{-8}

资料来源：紫金矿业 2017 年社会责任报告。

不同的绿色成本信息披露方式具有不同的优缺点。以非财务信息形式进行信息披露，可以根据企业的实际情况进行，具有很强的灵活性，满足企业差异化的需求。但带来的问题是，由于没有统一的披露要求，不同行业、不

同企业之间，甚至相同企业不同时期之间的披露信息无法进行有效对比，降低了绿色成本信息的可比性质量特征，进而带来评价与评比的困难。在企业传统的信息披露方式下设置独立的绿色成本信息报告段或者将绿色成本的信息嵌入传统财务报表体系的适当位置，即与现有报表体系相融合的披露模式，其优点是实现了与传统报表的有机融合，编制的工作量较小并且易于为会计人员所理解和接纳；其缺点是所披露的绿色成本信息由于依附于现有的报表体系，信息使用者在阅读报表时容易产生误解，甚至在使用报表信息时可能忽视嵌入的绿色成本信息。通过编制独立的绿色成本报告进行绿色成本信息的披露模式，其优点是因为通过专门的报表披露信息，因此可以引起相关使用者的重视，绿色成本信息可以取得与其他信息相一致的地位；其缺点是要进行专门编制，需要消耗较多的人力和时间，对会计人员而言会增加工作量，可能并不受欢迎。鉴于我国当前的实际情况，本书认为，可以选择第二种披露模式来披露绿色成本信息。对于一些特别重要的事项，可以编制专门的"环境影响责任报告书"等专门文件披露企业的环境资源利用及环境保护责任的履行情况。

由于我国尚未建立环境会计的具体准则，因此在绿色成本信息的披露上各行业存在很大差异。以上海宝钢为例，可以大体了解我国上市公司披露环境成本的方式。上海宝钢自2003年起就开始披露其环境成本信息，是我国较早披露环境成本信息的企业之一。上海宝钢披露的环境成本信息内容如表3-9所示。

当然，从成本分析的视角看，仅仅关注本期的环境成本是不够的，需要对企业多期的环境成本数据进行对比分析。一个可行的分析视角是分析历年环境成本的占比变化，从中发现企业环境成本的变化趋势，为企业未来环境成本的管理与控制提供方向。多期环境成本的分析报告如表3-10所示。

表 3-9　上海宝钢披露的环境成本项目

项目类型	项目名称
进行资本化的项目	新建及改扩建环保项目的投入
	"三同时"配套环保项目投入
进行费用化的项目	绿化费、排污费、环境检测费
	环保设施运行费
	环保设施折旧费
	环保人工费、体系审核费
	环保研发费
	有害物质运输费、固体废物处置费用
	其他相关费用

表 3-10　多期环境成本分析报告

编制单位：　　　　　　　　　　　年　　月　　日　　　　　　　　　　单位：元，%

年份	环境成本	总成本	环境成本占比

"绿色会计依赖科学有效的规则约束、大范围的数据信息采集和企业高涨的环保意识才能有效实施。尽管当前企业环保意识有了很大提高，有些企业也披露了类似的绿色环境会计报告，但仍存在信息披露不规范的问题。一个重要的原因在于，我国还尚未出台可以指导环境会计报告编制所依据的条理性规定。在此情况下，各家企业根据自身情况，在报告的形式及内容方面较为随意，导致该披露缺乏可比性分析。"（肖序，2010）

下篇 实践篇

第四章
宁夏华辉公司的绿色成本核算

第一节 宁夏华辉公司概况

宁夏华辉活性炭股份有限公司（以下简称华辉公司）的前身是1992年成立的"中美合资宁夏华辉活性炭开发有限公司"。2003年企业进行了股份制改造，并更名为宁夏华辉活性炭股份有限公司。现在是由宁夏恒力钢丝绳股份有限公司、融德资产管理有限公司、中国华融资产管理公司和宁夏电投银川热电有限公司共同投资的全国最大的活性炭生产企业，注册资本1.17亿元，年生产能力55000吨煤基活性炭。华辉公司的生产工艺、生产能力以及科技研发能力都处于行业领先水平，其产品50%对外销售。

华辉公司是经国家科技部认定的高新技术企业，是目前全国同行业中唯一的国家级高新技术企业。同时，华辉公司还具有20多年自营外贸进出口经验，是宁夏回族自治区重点外贸企业、国家商检二类企业和绿色通道企业、自治区节能降耗先进单位、守合同重信用企业、诚信纳税企业，并拥有省级活性炭企业技术中心。"华辉牌"注册商标一直是自治区著名商标。目前公司下设有四个分厂，分别坐落于宁夏石嘴山市和银川市，这里具有国际领先的活性炭自动化生产线23条，以及多条破碎生产线和深加工生产线。总计年产各类活性炭55000吨，是目前国内最大的煤质活性炭专业生产企业之一。

1997年，宁夏华辉公司通过了ISO9002质量体系认证，是国内同行业中最先取得该认证的企业。在生产上，华辉公司始终严格按照质量管理体系的要求进行生产，保证了其产品性能的可靠与质量的优异，能够满足各类顾客对产品的特别要求。经过多年的不懈努力，现如今，公司生产的"华辉牌"产品已经成为煤质活性炭行业中的知名品牌，受到了广大消费者的认可和肯定，逐步成为优质活性炭产品的代表性企业。

华辉公司可以生产脱硫炭、溶剂回收炭、触媒载体炭、净水炭、空气净化炭、防护炭、高效吸附炭等，还能够生产具有世界先进水平的脱汞专用活性炭、CTC大于120以上粒径小于0.9毫米超高吸附活性炭。产品主要有：圆柱炭、柱状破碎炭、浸渍炭、酸洗炭、粉炭及压块破碎炭六大类上百个品种。

华辉公司在实现各项经济目标的过程中，并没有忘记对社会应尽的责任和义务。将社会责任放在企业经营的重要位置，认真贯彻和落实国家的各项政策与法律法规，特别提出的是，企业在环境保护和节能降耗工作中得到了社会各界的一致肯定。2009年，先后获得了自治区节能降耗先进企业和银川市节能降耗先进企业称号。在20多年的企业历程中，始终致力于我国活性炭事业的成长与发展，以诚信和科技为根本，努力提高企业自身实力，并在出口创汇、科学研究、新品开发、公益事业、环境保护、利税上缴等方面对国家和社会做出了应有的贡献。如今，华辉公司仍将坚持"精品、绩效、和谐、发展"的企业文化理念，发扬"精诚团结、负重拼搏、开拓进取、只争朝夕"的华辉精神，以"建设世界一流活性炭企业"为己任，为中国活性炭事业的发展做出自己应有的贡献①。

宁夏华辉公司的工艺流程

所谓工艺,是指"将原材料或半成品加工成产品的工作、方法、技术等。"根据生产工艺流程的特点不同,可以将企业的生产分为简单生产与复杂生产。简单生产是指生产工艺流程不能间断,不能分散在不同地点进行的生产类型;复杂生产则是指生产工艺流程是由可以间断的若干生产步骤所组成的生产,在其内部又可以划分为连续加工式的复杂生产和装配式复杂生产。宁夏华辉公司的生产工艺流程是:将原料煤破碎后研磨,加入辅料焦油与水进行混合,之后成型;成型后进入炭化车间进行炭化;炭化后的半成品进入活化车间进行活化处理;经过活化处理的半成品再进入加工车间进行筛分等处理;最后,产品包装入库。华辉公司的生产工艺流程如图 4-1 所示。

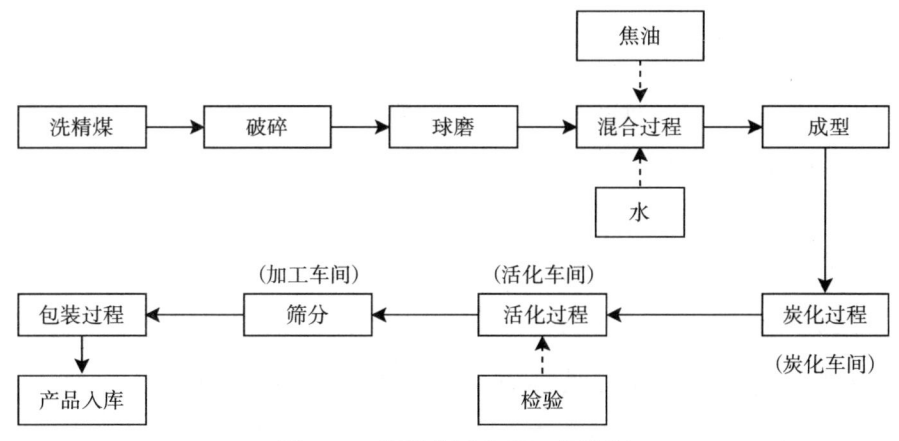

图 4-1 华辉公司生产工艺流程

通过图 4-1 可以看出,根据生产工艺流程的特点,宁夏华辉公司属于复杂生产类型的企业,并属于连续加工式的复杂生产。其原因在于,炭化车间

---

① 公司简介资料来自公司网站,http://www.huahui-carbon.com,进行了必要的简化与调整。

的半成品是活化车间的加工对象,活化车间的半成品是加工车间的加工对象,直到最后一步的加工车间才生产出真正意义上的完工产品。

第二节　宁夏华辉公司成本核算的现状

一、成本核算的基本方法

通常,企业在选择成本核算方法时,需要同时考虑两个方面的因素:第一,企业的生产类型及其特点,我们可以将其称为客观因素;第二,在成本管理过程中的具体要求,可以将其称为主观因素。通过以上内容可以看出,华辉公司从生产工艺来看,属于连续加工式的复杂生产,该种生产类型自原料投入以后,需要经过多个连续加工的步骤才能最后生产出产成品,前一个加工步骤生产出的半成品是后一个步骤的加工对象。从成本管理的要求上来看,由于宁夏华辉公司需要对各个不同的加工车间进行各自独立的经济考核,因此各车间需要核算其生产的产品(或半成品)成本。在综合考虑生产工艺的特点及在成本管理上的实际要求,宁夏华辉公司选择了分步法当中的逐步结转分步法作为成本核算的基本方法。"逐步结转分步法也被称为计算半成品成本的分步法,它是按照产品加工步骤的顺序,逐步计算并结转半成品成本,直到最后步骤计算出产成品成本的一种方法"。该成本核算方法主要适用于连续加工式的复杂生产类型。

二、成本核算的程序

根据逐步结转分步法的成本计算要求,宁夏华辉公司的成本核算程序是：首先，计算出第一生产步骤（炭化车间）的半成品——炭化料的半成品成本；其次，半成品——炭化料完工后先入库，待领用时再将其成本计入第二生产步骤（活化车间）的成本之中；再次，对活化车间的成本进行核算，其生产的半成品——自产筛下料转入下一生产步骤——加工车间加工成为辅助炭粉产品及其他产品；最后，结转完工产品成本。核算程序如图4-2所示。

炭化车间生产成本计算单（第一步骤）

成本项目	期初数	本期数
材料费		
工资		
工会经费		
制造费用		
……		
半成品（炭化料）成本		N_1
月末在产品成本		

活化车间生产成本计算单（第二步骤）

成本项目	期初数	本期数
材料费		N_1
工资		
工会经费		
制造费用		
……		
半成品（筛下料）成本		N_2
月末在产品成本		

加工车间生产成本计算单（第三步骤）

成本项目	期初数	本期数
材料费		N_2
工资		
工会经费		
制造费用		
……		
完工产品成本		
月末在产品成本		

图4-2 核算程序

三、成本项目的构成

从一定意义上来说，成本项目的构成既反映了企业产品成本的构成，也指明了企业进行成本控制的主要对象。因为能够独立成为一个成本项目的内容对产品而言都是重要的部分，否则就不能列示只能合并处理。企业可以根据各项生产费用支出的比重和成本管理的具体要求不同自行设置成本项目的构成内容。宁夏华辉公司产品的成本项目主要包括：材料费、工资、工会经费、三险一金、福利费、电费、辅助费用、制造费用等。可以看出，宁夏华辉公司的成本项目设置是基于制造成本法的要求进行的，主要反映了在产品生产过程中所消耗的企业内部资源。各成本项目的核算内容如表4-1所示。

表4-1 宁夏华辉公司成本项目的构成

序号	成本项目	核算内容
1	材料费	在生产产品过程中消耗的各种原料、辅助材料、半成品等
2	工资	向生产工人支付的工资、津贴、奖金等劳动报酬
3	工会经费	按照国家规定计提的工会会费
4	三险一金	指工伤保险、医疗保险、失业保险和住房公积金
5	福利费	指按照一定比例从职工工资中计提的福利费
6	电费	在生产过程中所消耗的电费
7	辅助费用	指辅助生产车间或部门发生的各种耗费
8	制造费用	指生产车间或部门发生的各项费用以及各种间接费用

四、完工产品成本计算单

完工产品成本计算单是用来记录已经完工产品成本的自制原始凭证，也是进行完工产品成本结转账务处理的重要依据。根据宁夏华辉公司产品的成本结构以及成本管理的具体要求，其完工产品的成本计算单格式如表4-2所示。

表4-2 宁夏华辉公司完工产品成本计算单

产品名称及规格： 年 月 日

成本项目	金额（元）	上期金额（元）
材料费		
工资		
工会经费		
三险一金		
福利费		
电费		
辅助费用		
制造费用		
合计		

主管： 审核： 制表：

第三节 宁夏华辉公司进行绿色成本核算的必要性分析

一、适应外部环境变化、更新成本核算理念的需要

通过上述成本核算现状的描述可以看出，目前，华辉公司依然沿用传统的成本核算体系进行产品的成本核算工作。传统的成本核算体系是传统成本核算理念的产物，这种核算理念的核算范围主要局限于企业生产过程的各种耗费，包括环境成本在内其他外部损耗并未纳入其中。当前，经济社会环境已经发生了显著变化，"低碳""环保"理念日益深入人心的背景下，该种核算理念存在明显的滞后性。在该种核算理念的指导下，成本信息的质量也会受到影响。出于对外部经营环境的主动适应，企业需要更新原有的落后核算

理念，进而采用新的核算理念，为企业的长远发展奠定坚实的理念基础。

二、优化企业成本结构的需要

在传统的成本核算体系中，当企业发生诸如绿化费、环保设备的折旧费、排污费、环保设施的运行费用、环保罚款等环境成本时，通常在发生时直接计入相关的费用中（大多计入当期管理费用），以"费用化"的处理方式为主。这种处理方式的主要优点是计算简单，账务处理也易于进行。企业的生产活动导致了环境成本的发生，按照成本动因原理应该由生产活动的成果——相关的产品或劳务来负担，但传统的成本核算体系并未将环境支出计入产品成本。产品成本中环境成本项目的缺失导致产品成本结构的不完整是传统成本核算体系的弊端之一，亟须优化设置。合理的成本结构是产生正确产品成本信息的重要基础条件。因此，对宁夏华辉公司而言，首先要对之前的成本结构进行调整和优化，为后续的成本核算工作提供必要的条件，同时为成本信息质量的提高奠定基础。

三、促进企业产品外销、降低倾销诉讼的需要

我国的许多企业没有把生产过程中消耗的环境资源计入产品成本，虚减了相关产品的生产成本，导致我国的活性炭、皮革加工等高污染、高耗能行业，尤其是产品以出口为主的企业在对外贸易中不断遭到倾销的责难。"美国从2007年4月开始对从中国进口的活性炭征收反倾销税，税率为61.95%~228.11%。时满5年之际，美国商务部2012年3月宣布对此进行第一轮日落复审，美国国际贸易委员会2013年2月8日做出日落复审裁定，继续对从中国进口的活性炭征收反倾销税"。这将给包括宁夏华辉在内的我国活性炭企业带来毁灭性打击，此后一段时期内，大多数活性炭企业将无缘美国市场。因此，构建符合国际标准的成本结构就成为当务之急。

四、树立企业良好社会形象的需要

企业在生产过程中所消耗的自然资源、造成的环境质量下降等本应由企业来承担,但实际的状况却是由造成这种状况以外的主体全部或部分地承担了,形成一种企业成本(内部成本)社会化(外部化)的异常局面。鉴于此,国际标准化机构继 ISO9000 和 ISO14000 之后,于 2004 年制定了社会责任(Accounting for Social Responsibility)规范的基准——ISO26000。ISO26000 将社会责任概括为"组织通过透明和合乎道德的行为,为其决策和活动对社会和环境产生的影响所负的责任。这些行为的目标是实现可持续发展,包括健康和社会福利,体现利益相关者的愿望,遵守相关法律且与国际的行为准则相符合,且全面融于组织活动"。

国内外的已有研究都表明:尽管从短期看,积极承担社会责任的确会消耗企业的一些经济资源,但从长期看,企业认真履行其各种社会责任将会为企业带来长期的社会效益。具体来说,首先,积极披露社会责任信息有利于对企业进行监督和评价;其次,企业进行社会责任会计信息披露有利于增强企业的社会责任意识;最后,企业进行社会责任会计信息披露有利于塑造良好的社会形象,提升其品牌价值。

第四节 应用过程

一、原始数据

本书以宁夏华辉公司 2013 年 5 月的数据为例,该数据由华辉公司的会计人员提供，本书进行了简单加工。该部分分别采用传统的成本核算方法与绿色成本核算方法进行处理，并通过对比两种核算体系的数据进一步说明绿色成本核算体系。2013年5月，宁夏华辉公司的环保支出共计245986.47元，其中，排污费20463.56元，环保设备（主要包括：防风墙、除尘设备、脱硫设备等）的折旧费225522.91元。其他资料如表4-3至表4-7所示，出于简化核算的目的，主要以产量为各项费用的分配标准，计算中的尾差全部计入最后一个受益主体。

表4-3 基本生产成本资料

生产成本——基本生产成本

成本项目	车间名称		
	炭化车间	活化车间	加工车间
工资	396383.89	242488.96	38187.00
工会经费	7927.68	4849.78	763.74
三险一金	58368.09	49468.26	7459.46
福利费	250.00	100.00	150.00
盐酸			
纯碱			
化学药品			
蒸汽			
电	179474.70	11579.01	2894.75
其他			
合计	642404.36	308486.01	49454.95

表 4-4 辅助生产成本资料

生产成本——辅助生产成本

成本项目	辅助部门名称					
	锅炉车间	维修车间	质检部	化验室	煤气站	包装
工资	67312.68	120338.24	28148.53	54686.25	62002.00	95733.45
工会经费	1346.25	2406.76	562.97	1093.73	1240.04	1914.67
三险一金	11066.15	26002.20	5313.93	15044.00	7879.04	6125.18
福利费	100.00	50.00	50.00		150.00	50.00
办公费	25.00		142.20	42.15	25.00	
差旅费	202.21	3807.57	1213.26	1415.47		
劳保	2149.86	4161.95	959.84	2529.37	1885.26	
机物料	1643.00	8508.97	460.75	467.34	2981.00	6310.25
工具						
修理费	2613.19		5000.00		3309.42	17524.06
折旧	83560.63	32839.34	225.09	8851.97	16376.46	971.65
燃料煤	158083.00				496271.74	
盐	11914.62					
水	13321.79				320.99	
电	83947.84				11579.02	
酸碱						
其他						
化学药品	5384.62					
包装费						262196.85
合计	442670.84	198115.03	42076.57	84130.28	604019.97	390826.11

表 4-5 产量资料

车间名称	产品类别	产量（吨）
炭化车间	炭化料	2061.793
活化车间	B55-65	634.55
	C70-75	41.7
	G90 以上	92.7
	活化煤	127.6
	破碎原料	272.45
	筛下料（副产品）	83
加工车间	辅助炭粉	96.8
合计		3410.593

表 4-6 原材料资料

车间名称	产品类别	原料投入（吨）				
		洗精煤	焦油	炭化料	自产筛下料	破碎原料
炭化车间	炭化料	2060.6	684.17			
活化车间	B55-65			1356.791		
	C70-75			136.715		
	G90 以上			383.058		
	活化煤	321.244				
	破碎原料			594.749		
	筛下料（副产品）					
加工车间	辅助炭粉				83	13.8

注：其中洗精煤单位成本 1200 元/吨，焦油单位成本 2430 元/吨。

表 4-7 制造费用资料

成本项目	炭化车间	活化车间	加工车间	供应部	综合办公室
工资				4520.30	17916.80
工会经费				90.41	678.34
三险一金				1529.07	5305.94
福利费					16400.00

续表

成本项目	炭化车间	活化车间	加工车间	供应部	综合办公室
办公费	25.00	64.76		119.40	778.62
差旅费	5459.67	6875.14		606.63	4322.45
劳保	7804.30	5801.71	2856.74	480.51	1806.80
机物料	24742.10	21280.85	12194.80	8.00	3777.00
工具	360.00				
包装物	66105.00				
修理费	65475.90	21941.10	18250.37		7654.95
小车费					3719.15
运输费					18600.00
折旧	228219.07	144811.60	42661.55	15450.26	97235.53
其中：环保设备	112357.96	105366.50	7798.45		
水	1605.03	481.52	321.01		
其他	320.00				8700.00
安全生产费					72494.01
合计	400116.07	201256.68	76284.47	22804.58	259389.59

二、按传统的成本核算体系计算

按照传统的成本核算体系，计算过程与结果如下：

（一）辅助生产成本的核算，以产量为分配标准直接进行分配

锅炉车间　分配率=442760.84÷3410.593=129.793

维修车间　分配率=198115.03÷3410.593=58.088

质检部　分配率=42076.57÷3410.593=12.337

化验室　分配率=84130.28÷3410.593=24.667

煤气站　分配率=604019.84÷3410.593=177.101

包装车间　分配率=390826.11÷3410.593=114.592　　分配率合计 516.578

炭化车间应分配的辅助生产费用=2061.793×516.578=1065076.9（元）

活化车间应分配的辅助生产费用=1252×516.578=646755.66（元）

加工车间应分配的辅助生产费用=96.8×516.578=50006.24（元）

（含计算尾差）

账务处理如下：

借：生产成本——基本生产成本——炭化车间（炭化料）1065076.9

制造费用——活化车间　　　　　　　　　　　646755.66

生产成本——基本生产成本——炭化车间（辅助炭粉）50006.24

贷：生产成本——辅助生产成本——锅炉车间　　　　442760.84

——维修车间　　　　198115.03

——质检部　　　　　42076.57

——化验室　　　　　84130.28

——煤气站　　　　　604019.84

——包装车间　　　　390826.11

（二）制造费用的核算

1. 炭化车间

由于该车间只生产一种产品——炭化料，故直接转入其成本，账务处理为：

借：生产成本——基本生产成本——炭化车间（炭化料）400116.07

贷：制造费用——炭化车间　　　　　　　　　　　400116.07

2. 活化车间

以产量为分配标准进行制造费用分配。

分配率=（201256.68+646755.66）÷（634.55+41.7+92.7+127.6+272.45+83）=677.326

B55-65应分配的制造费用=634.55×677.326=429797.21（元）

C70-75应分配的制造费用=41.7×677.326=28244.49（元）

G90 以上应分配的制造费用=92.7×677.326=62788.12（元）

活化煤应分配的制造费用=127.6×677.326=86426.8（元）

破碎原料应分配的制造费用=272.45×677.326=184573.47（元）

筛下料应分配的制造费用=83×677.326=56182.25（元）（含计算尾差）

合计 848012.34

账务处理如下：

借：生产成本——基本生产成本——活化车间（B55-65）　429797.21

　　　　　　　　　　　　　　——活化车间（C70-75）　28244.49

　　　　　　　　　　　　　　——活化车间（G90 以上）　62788.12

　　　　　　　　　　　　　　——活化车间（活化煤）　86426.8

　　　　　　　　　　　　　　——活化车间（破碎原料）184573.47

　　　　　　　　　　　　　　——活化车间（筛下料）　56182.25

　　贷：制造费用——活化车间　　　　　　　　　　　848012.34

3. 加工车间

由于该车间只生产一种产品——辅助炭粉，故直接转入其成本，账务处理为：

借：生产成本——基本生产成本——加工车间（辅助炭粉）76284.47

　　贷：制造费用——炭化车间　　　　　　　　　　　76284.47

4. 供应部

以产量为分配标准进行制造费用分配。

分配率=22804.58÷3　410.593=6.686

5. 综合办公室

分配率=259389.59÷3410.593=76.054　　合计 82.74

将供应部与综合办公室的制造费用一次分配给基本生产车间：

炭化车间应分配的金额=2061.793×82.74=170592.75（元）

活化车间中各产品应分配的金额分别为：

B55-65 应分配的制造费用=634.55×82.74=52502.67（元）

C70-75 应分配的制造费用=41.7×82.74=3450.26（元）

G90 以上应分配的制造费用=92.7×82.74=7670（元）

活化煤应分配的制造费用=127.6×82.74=10557.62（元）

破碎原料应分配的制造费用=272.45×82.74=22542.51（元）

筛下料应分配的制造费用=83×82.74=6869.13（元）

合计 103592.19

加工车间应分配的金额=96.8×82.74=8009.23（含计算尾差）

账务处理如下：

借：生产成本——基本生产成本——炭化车间（炭化料）　170592.75

　　　　　　　　　　　　　　——活化车间（B55-65）　52502.67

　　　　　　　　　　　　　　——活化车间（C70-75）　3450.26

　　　　　　　　　　　　　　——活化车间（G90 以上）　7670

　　　　　　　　　　　　　　——活化车间（活化煤）　10557.62

　　　　　　　　　　　　　　——活化车间（破碎原料）　22542.51

　　　　　　　　　　　　　　——活化车间（筛下料）　6869.13

　　　　　　　　　　　　　　——加工车间（辅助炭粉）　8009.23

　　贷：制造费用——供应部　　　　　　　　　　　　　22804.58

　　　　　　　——综合办公室　　　　　　　　　　　　259389.59

（三）活化车间工资、工会经费、三险一金、电费的分配

由于福利费金额 100 元较小，基于重要性原则的考虑，不再进行分配，将其直接计入筛下料的成本中。

1. 工资

工资的分配率=242488.96÷1252=193.681

B55–65应分配的工资费用=634.55×193.681=122900.29（元）

C70–75应分配的工资费用=41.7×193.681=8076.50（元）

G90以上应分配的工资费用=92.7×193.681=17954.23（元）

活化煤应分配的工资费用=127.6×193.681=24713.70（元）

破碎原料应分配的工资费用=272.45×193.681=52768.39（元）

筛下料应分配的工资费用=83×193.681=16075.85（元）（含尾差）

合计242488.96

2. 工会经费

工会经费的分配率=4849.78÷1252=3.873

B55–65应分配的工会经费=634.55×3.873=2457.61（元）

C70–75应分配的工会经费=41.7×3.873=161.50（元）

G90以上应分配的工会经费=92.7×3.873=359.03（元）

活化煤应分配的工会经费=127.6×3.873=494.19（元）

破碎原料应分配的工会经费=272.45×3.873=1055.20（元）

筛下料应分配的工会经费=83×3.873=322.25（元）（含尾差）

合计4849.78

3. 三险一金

三险一金的分配率=49468.26÷1252=39.511

B55–65应分配的三险一金=634.55×39.511=25071.71（元）

C70–75应分配的三险一金=41.7×39.511=1647.61（元）

G90以上应分配的三险一金=92.7×39.511=3662.67（元）

活化煤应分配的三险一金=127.6×39.511=5041.60（元）

破碎原料应分配的三险一金=272.45×39.511=10764.77（元）

筛下料应分配的三险一金=83×39.511=3279.90（元）（含尾差）

合计49468.26

4. 电费

电费的分配率=11579.01÷1252=9.248

B55–65 应分配的电费=634.55×9.248=5868.32（元）

C70–75 应分配的电费=41.7×9.248=385.64（元）

G90 以上应分配的电费=92.7×9.248=857.29（元）

活化煤应分配的电费=127.6×9.248=1180.04（元）

破碎原料应分配的电费=272.45×9.248=2519.62（元）

筛下料应分配的电费=83×9.248=768.10（元）（含尾差）

合计 11579.01

当华辉公司实际支付排污费时，账务处理为：

借：管理费用——排污费　20463.56

　　贷：银行存款　　　　　　20463.56

在传统的成本核算方法之下，各产品的成本数据如表4-8至表4-15所示。

（1）炭化车间。

表 4-8　炭化料成本计算单

单位：元，吨

成本项目		数量	金额
材料费	洗精煤	2060.6	2472720
	焦油	684.17	1662533.1
工资			396383.89
工会经费			7927.68
三险一金			58368.09
福利费			250.00
电费			179474.70
辅助费用			1065076.9
制造费用			570708.82
合计			6413443.18

注：①其中洗精煤单位成本1200元/吨，焦油单位成本2430元/吨。
②炭化料制造费用成本项目的金额=400116.07+170,592.75=570708.82元。
炭化料的单位成本=6413443.18÷2061.793=3110.61元/吨。

（2）活化车间。

表4-9　B55-65成本计算单

单位：元，吨

成本项目	数量	金额
材料费——炭化料	1356.791	4220447.65
工资		122900.29
工会经费		2457.61
三险一金		25071.71
福利费		0
电费		5868.32
制造费用		52502.67
合计		4404176.54

注：炭化料的单位成本为3110.61元/吨，取自炭化车间的计算结果。
B55-65产品的单位成本=4404,176.54÷634.55=6940.63元/吨。

表4-10　C70-75成本计算单

单位：元，吨

成本项目	数量	金额
材料费——炭化料	136.715	425267.05
工资		8076.50
工会经费		161.50
三险一金		1647.61
福利费		0
电费		385.64
制造费用		3450.26
合计		438988.56

注：炭化料的单位成本为3110.61元/吨，取自炭化车间的计算结果。
C70-75产品的单位成本=438988.56÷41.7=10527.30元/吨。

表 4-11　G90 以上成本计算单

单位：元，吨

成本项目	数量	金额
材料费——炭化料	383.058	1191544.05
工资		17954.23
工会经费		359.03
三险一金		3662.67
福利费		0
电费		857.29
制造费用		7670
合计		1222047.27

注：炭化料的单位成本为 3,110.61 元/吨，取自炭化车间的计算结果。
G90 以上产品的单位成本为 1222047.27÷92.7=13182.82 元/吨。

表 4-12　活化煤成本计算单

单位：元，吨

成本项目	数量	金额
材料费——洗精煤	321.244	385492.80
工资		24713.70
工会经费		494.19
三险一金		5041.60
福利费		0
电费		1180.04
制造费用		10557.62
合计		427479.95

注：洗精煤的单位成本为 1200 元/吨。
活化煤的单位成本为 427479.95÷127.6=3350.16 元/吨。

表 4–13　破碎原料成本计算单

单位：元，吨

成本项目	数量	金额
材料费——炭化料	594.749	1850032.19
工资		52768.39
工会经费		1055.20
三险一金		10764.77
福利费		0
电费		2519.62
制造费用		22542.51
合计		1939682.68

注：炭化料的单位成本为 3110.61 元/吨，取自炭化车间的计算结果。
破碎原料的单位成本=1939682.68÷272.45=7119.41 元/吨。

表 4–14　筛下料成本计算单

单位：元，吨

成本项目	数量	金额
工资		16075.85
工会经费		322.25
三险一金		3279.90
福利费		100
电费		768.10
制造费用		6869.13
合计		27415.23

注：筛下料的单位成本=27415.23÷83=330.30 元/吨。

(3) 加工车间。

表 4–15 辅助炭粉成本计算单

单位：元，吨

成本项目		数量	金额
材料费	自产筛下料	83	27414.90
	破碎原料	13.8	98247.86
工资			38187.00
工会经费			763.74
三险一金			7459.46
福利费			150.00
电费			2894.75
辅助费用			50006.24
制造费用			84293.70
合计			309417.65

注：①其中破碎原料的单位成本为 7119.41 元/吨，自产筛下料单位成本为 330.30 元/吨。
②辅助炭粉制造费用成本项目的金额=76284.47+8009.23=84293.70 元。
辅助炭粉的单位成本=309417.65÷96.8=3196.46 元/吨。

三、按照绿色成本核算体系计算

与传统的成本核算相比，对于辅助费用、制造费用等的计算同上，主要区别在于环保支出的处理。在绿色成本核算的理念下，企业的环保支出应选择合适的分配标准计入相关产品的成本之中。具体的计算过程如下：

（一）炭化车间环保支出的计算

由于该车间只生产一种产品——炭化料，故其环保支出直接转入产品成本。

（二）活化车间环保支出的计算

按照产品的产量进行分配，结果如下：

分配率=（105366.50）÷（634.55+41.7+92.7+127.6+272.45+83）=84.158

B55-65 应分配的环保支出=634.55×84.158=53402.46 元

C70-75 应分配的环保支出=41.7×84.158=3509.39 元

G90 以上应分配的环保支出=92.7×84.158=7801.45 元

活化煤应分配的制环保支出=127.6×84.158=10738.56 元

破碎原料应分配的环保支出=272.45×84.158=22928.85 元

筛下料应分配的环保支出=83×84.158=6985.79 元（含计算尾差）

合计 105366.50

活化车间制造费用的金额等于传统计算方法之下的数值扣除环境支出的数值。

（三）加工车间环保支出的计算

由于该车间只生产一种产品——辅助炭粉，故环保支出直接转入其成本。

（四）以产量为标准，分配排污费

20463.56÷（2061.793+634.55+41.7+92.7+127.6+272.45+83+96.8）=6

炭化料应分配的排污费=2061.793×6=12370.76（元）

B55-65 应分配的排污费=634.55×6=3807.30（元）

C70-75 应分配的排污费=41.7×6=250.20（元）

G90 以上应分配的排污费=92.7×6=556.20（元）

活化煤应分配的排污费=127.6×6=765.60（元）

破碎原料应分配的排污费=272.45×6=1,634.70（元）

筛下料应分配的排污费=83×6=498（元）

辅助炭粉应分配的排污费=96.8×6=580.80（元）

合计 20463.56

在绿色成本核算方法之下，各产品的成本数据如表 4-16 至表 4-23 所示。

(1) 炭化车间。

表 4-16　炭化料成本计算单

单位：元，吨

成本项目		数量	金额
材料费	洗精煤	2060.6	2472720
	焦油	684.17	1662533.1
工资			396383.89
工会经费			7927.68
三险一金			58368.09
福利费			250.00
电费			179474.70
辅助费用			1065076.9
制造费用			458350.86
环境支出			124728.72
合计			6425813.94

注：①其中洗精煤单位成本为 1200 元/吨，焦油单位成本为 2430 元/吨。
②炭化料制造费用成本项目的金额=287758.11+170592.75=458350.86 元。
炭化料的单位成本=6425813.94÷2061.793=3116.61 元/吨。

(2) 活化车间。

表 4-17　B55-65 成本计算单

单位：元，吨

成本项目	数量	金额
材料费——炭化料	1356.791	4228588.40
工资		122900.29
工会经费		2457.61
三险一金		25071.71
环境支出		57209.76
电费		5868.32
制造费用		428897.42
合计		4870993.51

注：炭化料的单位成本为 3116.61 元/吨，取自炭化车间的计算结果。
B55-65 产品的单位成本=4859045.48÷634.55=7676.30 元/吨。

表 4-18 C70-75 成本计算单

单位：元，吨

成本项目	数量	金额
材料费——炭化料	136.715	426087.34
工资		8076.50
工会经费		161.50
三险一金		1647.61
环境支出		3759.59
电费		385.64
制造费用		28185.36
合计		468303.54

注：炭化料的单位成本为 3,116.61 元/吨，取自炭化车间的计算结果。
C70-75 产品的单位成本=468303.54÷41.7=11230.30 元/吨。

表 4-19 G90 以上成本计算单

单位：元，吨

成本项目	数量	金额
材料费——炭化料	383.058	1193842.39
工资		17954.23
工会经费		359.03
三险一金		3662.67
环境支出		8357.65
电费		857.29
制造费用		62656.67
合计		1287689.93

注：炭化料的单位成本为 3116.61 元/吨，取自炭化车间的计算结果。
G90 以上产品的单位成本为 1287689.93÷92.7=13890.94 元/吨。

表 4-20　活化煤成本计算单

单位：元，吨

成本项目	数量	金额
材料费——洗精煤	321.244	385492.80
工资		24713.70
工会经费		494.19
三险一金		5041.60
环境支出		11504.16
电费		1180.04
制造费用		86245.86
合计		514672.35

注：洗精煤的单位成本为 1200 元/吨。
活化煤的单位成本为 514672.35÷127.6=4033.48 元/吨。

表 4-21　破碎原料成本计算单

单位：元，吨

成本项目	数量	金额
材料费——炭化料	594.749	1853600.68
工资		52768.39
工会经费		1055.20
三险一金		10764.77
环境支出		24563.55
电费		2519.62
制造费用		184187.13
合计		2129459.34

注：炭化料的单位成本为 3116.61 元/吨，取自炭化车间的计算结果。
破碎原料的单位成本为 2129459.34÷272.45=7815.96 元/吨。

表 4-22　筛下料成本计算单

单位：元，吨

成本项目	数量	金额
工资		16075.85
工会经费		322.25
三险一金		3279.90
福利费		100
电费		768.10
制造费用		56065.59
环境支出		7483.79
合计		84095.48

注：筛下料的单位成本=83597.48÷83=1013.20 元/吨。

（3）加工车间。

表 4-23　辅助炭粉成本计算单

单位：元，吨

成本项目		数量	金额
材料费	自产筛下料	83	84095.60
	破碎原料	13.8	107860.25
工资			38187.00
工会经费			763.74
三险一金			7459.46
福利费			150.00
电费			2894.75
辅助费用			50006.24
制造费用			76495.25
环境支出			8379.25
合计			376291.54

注：其中破碎原料的单位成本为 7815.96 元/吨，自产筛下料单位成本为 1013.20 元/吨。
辅助炭粉的单位成本=376291.54÷96.8=3887.31 元/吨。

四、两种计算方法的成本数据对比

（一）碳化车间

从表4-8中可以看出，第一加工步骤炭化车间的产品——炭化料，与传统的成本核算方法相比，在绿色成本核算方法之下，材料费占总成本的比例、工会经费的占比等项目均保持不变，而制造费用成本项目的比重有所下降，原因在于，两种核算模式下产品的总成本数值变化不大。此外，除了制造费用的数据发生变化以外，其他各项的数据均保持不变。原因在于，采用绿色成本核算时，一些原本计入制造费用的金额进入了环境支出成本项目当中。从单位成本的数据来看，在传统核算方法之下，炭化料的单位成本为3110.61元/吨，在绿色成本核算方法之下，炭化料的单位成本为3116.61元/吨，升高了6元/吨，上升的幅度为0.2%。从这个意义上说，传统的成本核算方法将炭化料的单位成本低估了0.2%，进而将该产品的利润水平高估了。如表4-24所示。

表4-24 碳化车间产品的成本结构对比

成本项目	传统成本核算		绿色成本核算	
	金额（元）	比例（%）	金额（元）	比例（%）
材料费	4135253.10	64	4135253.10	64
工资	396383.89	6	396383.89	6
工会经费	7927.68	0.1	7927.68	0.1
三险一金	58368.09	0.9	58368.09	0.9
福利费	250.00	0	250.00	0
电费	179474.70	3.0	179474.70	1
辅助费用	1065076.9	17	1065076.9	17
制造费用	570708.82	9	458350.86	7
环境支出	—	—	124728.72	2
合计	6413443.18	100	6425813.94	100
单位成本（元/吨）	3110.61		3116.61	

(二) 活化车间

以第二加工步骤活化车间的产品——B55-65 为例，对比分析成本核算方法变化对第二车间产品成本数据的影响。从表 4-9 中可以看出，与传统的成本核算方法相比，在绿色成本核算方法之下，除了工会经费、电费的占比保持不变以外，其他各成本项目的比重均发生了不同程度的变化，为产品的总成本结构变化所致。此外，比较明显的变化是材料费比重由 96% 下降到 86%，下降的幅度为 10%。制造费用在总成本中的比重则由 1.2% 上升到 9%。原因在于，采用绿色成本核算时，一些原本计入其他费用的金额进入了环境支出成本项目与制造费用项目。从单位成本的数据来看，在传统核算方法之下，B55-65 产品的单位成本为 6940.63 元/吨，在绿色成本核算方法之下，B55-65 产品的单位成本为 7676.30 元/吨，升高了 735.67 元/吨，上升的幅度为 10.6%。从这个意义上说，传统的成本核算方法将辅助炭粉的单位成本低估了 10.6%，进而将该产品的利润水平高估了。基于这种成本信息，企业的一些决策就有可能产生不良的经济后果。如表 4-25 所示。

表 4-25 活化车间产品的成本结构对比

成本项目	传统成本核算		绿色成本核算	
	金额（元）	比例（%）	金额（元）	比例（%）
材料费	4220447.65	96	4228588.40	86
工资	122900.29	2.5	122900.29	3
工会经费	2457.61	0.05	2457.61	0.05
三险一金	25071.71	0.15	25071.71	0.45
环境支出	—	0	57209.76	1.4
电费	5868.32	0.1	5868.32	0.1
制造费用	52502.67	1.2	428897.42	9
合计	4404176.54	100	4870993.51	100
单位成本（元/吨）	6940.63		7676.30	

(三) 加工车间

以第三加工步骤加工车间的产品——辅助炭粉为例,对比分析成本核算方法变化对企业产品成本数据的影响。从表4-26可以看出,与传统的成本核算方法相比,在绿色成本核算方法之下,材料费比例上升,工会经费的占比保持不变,而其他各成本项目的比重均有所下降,为产品的总成本升高所致。此外,除了材料费、制造费用的数据发生变化以外,其他各项的数据均保持不变。原因在于,采用绿色成本核算时,一些原本计入制造费用的金额进入了环境支出成本项目。从单位成本的数据来看,在传统核算方法之下,辅助炭粉的单位成本为3196.46元/吨,在绿色成本核算方法之下,辅助炭粉的单位成本为3887.31元/吨,升高了690.85元/吨,上升的幅度为21.61%。从这个意义上说,传统的成本核算方法将辅助炭粉的单位成本低估了21.61%,进而将该产品的利润水平高估了。基于这种成本信息,企业的一些决策就有可能被误导而产生不良经济后果。如表4-26所示。

表4-26 加工车间产品的成本结构对比

成本项目	传统成本核算		绿色成本核算	
	金额(元)	比例(%)	金额(元)	比例(%)
材料费	125662.76	41	191955.85	51
工资	38187.00	12	38187.00	10
工会经费	763.74	0.2	763.74	0.2
三险一金	7459.46	2.4	7459.46	1.76
福利费	150.00	0.05	150.00	0.04
电费	2894.75	1.35	2894.75	1
辅助费用	50006.24	16	50006.24	13
制造费用	84293.70	27	76495.25	20
环境支出	—		8379.25	3
合计	309417.65	100	376291.54	100
单位成本(元/吨)	3196.46		3887.31	

加工车间产品的成本结构对比如图 4-3、图 4-4 所示。

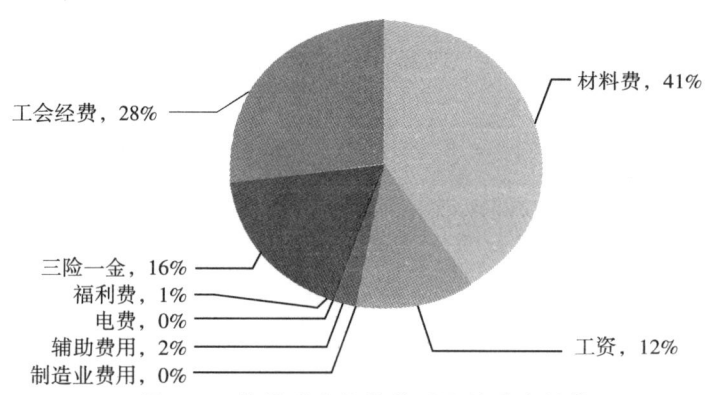

图 4-3　传统成本核算体系下的成本结构

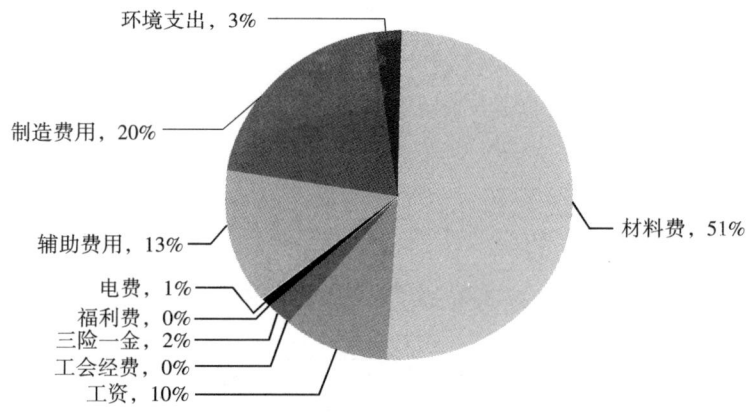

图 4-4　绿色成本核算体系下的成本结构

第五节　绿色成本信息的披露

如前文所述，宁夏华辉公司在披露其绿色成本信息时可以采用第二种信息披露的模式披露其绿色成本信息，即将企业在某一时期发生的绿色成本数据嵌入传统财务报表的特定项目中。具体的披露方法如表 4-27 至表 4-30 所示。

表 4-27 资产负债表（部分）

编制单位：宁夏华辉公司　　　　2013 年 5 月 31 日　　　　　　　　单位：元

资产	期初数	期末数	负债及所有者权益	期初数	期末数
流动资产：			流动负债：		
货币资金			短期借款		
交易性金融资产			应付票据		
应收票据			应付账款		
……			预收账款		
固定资产原价			应付职工薪酬		
其中：环保设备			应交税费		
减：累计折旧			……		
其中：环保设备折旧		225522.91	长期负债：		
……			所有者权益：		
其他长期资产			实收资本		
资产合计			负债及所有者权益合计		

表 4-28 利润表（部分）

编制单位：宁夏华辉公司　　　　2013 年 5 月　　　　　　　　　　单位：元

项目	本期数	上期数
一、营业收入		
减：营业成本		
营业税金及附加		
销售费用		
管理费用		
其中，已成本化的管理费用	20463.56	
资产减值损失		
加：公允价值变动损益		
投资收益		
……		

表 4-29　现金流量表（部分）

编制单位：宁夏华辉公司　　　2013 年 5 月　　　　　　　　　单位：元

项目	本期数	上期数
二、投资活动产生的现金流量：		
收回投资收到的现金		
取得投资收益收到的现金		
处置固定资产、无形资产和其他长期资产收回的现金净额		
处置子公司及其他营业单位收到的现金净额		
收到其他与投资活动有关的现金		
投资活动现金流入小计		
购建固定资产、无形资产和其他长期资产支付的现金		
其中：购买环保设备支付的现金	N	
……		
支付其他与投资活动有关的现金		
投资活动现金流出小计		
投资活动产生的现金流量净额		

注：N 表示企业在本期购买环保设备实际所支付的价款。

当然，如果企业认为通过这种嵌入现行财务报表披露绿色成本信息的方式不能满足企业管理的需要，也可以选择编制专门的绿色成本报表来进行披露。当然，由于属于企业的内部报表，因此在具体的格式选择上可以由企业自行确定。表 4-30 为一张参考样表。

表 4-30　绿色成本报表

编制单位：　　　　　　　　年　月　　　　　　　　　　单位：元

项目	本期数	上期数	变动幅度（%）
环保设置折旧费			
排污费			
……			
合计			

第五章
民丰特纸的绿色成本核算

《2015~2020年中国造纸行业深度调研及前景预测报告》指出，从世界范围看，造纸工业废水都是主要的污染源之一。根据国家环保部门的统计，2015年，造纸业废水的合计排放总量占所有产业废水排放总量的18%，COD的排放量占总排放量的26%，在所有被调查产业中居于首位。如何实现造纸行业的绿色成本核算，进而引导该行业逐步建立绿色生产系统就显得十分必要。本书选取了造纸行业上市公司——民丰特纸作为研究对象，通过企业发布的各种数据与报告，挖掘该企业在生产过程中消耗的各项资源及排放的废水、废气、固体废弃物等相关数据，以第三章构建的绿色成本核算体系为依据，针对各阶段发生的环境成本进行确认、计量，并采用了具体的方法将当期发生的环境成本分配到该企业不同类型的纸产品中，实现产品成本结构的绿色化和成本核算内容的完整化，以期为其他类似企业的绿色成本核算转型提供参考与借鉴。

第一节 企业简介

民丰特种纸股份有限公司（以下简称民丰特纸）位于浙江北部杭嘉湖平原的嘉兴市，其前身——"禾丰造纸公司"于1923年由嘉兴籍著名爱国人士褚辅成先生创立，是国内最早的民族造纸企业之一。1930年，禾丰造纸公司进行改组，由实业资本家竺梅先接办禾丰造纸公司，并更名为"民丰造纸股份有限公司"，同年注册了"船牌"产品商标并沿用至今。公司初期的产品主要是白纸板、青灰纸板、黄纸板等。

改革开放以来，民丰特纸以提高经济效益为中心，积极推进国企改革，生产经营和各项工作都取得了新的成效，产量质量稳步提升，经济效益显著增长。1992年，民丰特纸全面实施转换经营机制、深化改革的总体方案，逐步建立起"一厂多制、分层经营；一业为主、多种经营"的体制。同年8月，浙江省计经委批准成立民丰集团。1997年，民丰集团公司按照建立现代企业制度的要求，继续完善理顺企业内部管理机制，成立"股份制改组领导小组"。1998年9月，由浙江省人民政府发文，批准设立民丰特种纸股份有限公司。11月，民丰特种纸股份有限公司召开创立大会，宣告股份公司正式成立。2000年4月，中国证监会以证监发行字（2000）49号《关于核准民丰特种纸股份有限公司公开发行股票的通知》，正式批准"民丰特纸"发行5200万股社会公众股（A股）。6月15日，"民丰特纸"股票在上海证券交易所上市，股票代码为600235，是国内第一家在中国证券市场上市交易的特种纸制造企业股票。

2004年，民丰集团公司改制更名为"嘉兴民丰集团有限公司"。2006年

3月，嘉兴民丰集团有限公司股东大会审议通过了公司增资扩股后的公司章程修订案，公司董事、监事调整等决议案，浙江成就和新源两家公司正式资产注入，成为嘉兴民丰集团有限公司的新股东。2015年，经嘉兴市委市政府决策，原民营持有的嘉兴民丰集团有限公司股权全部由嘉兴实业资产投资集团有限公司受让。

着力打造世界一流特种纸制造企业，是民丰特纸的执着追求。自首创国产卷烟纸成功以后，民丰特纸先后试制开发了150多个新品种。各类品种广泛用于工业（含国防工业、卷烟工业）、农业、医疗、文化、印刷、食品、包装、装饰等行业和领域。近10年来，民丰又成功研发了20项新品种，相关产品应用30多项新技术，申请专利17项，其中已授权8项。民丰特纸参与或主持制定了20多项国家或行业标准。目前，民丰特纸"船"牌的大类主导产品有：卷烟纸、描图纸、电容器纸、格拉辛纸、真空喷铝原纸、热升华数码转印纸。其中：卷烟纸有近年来研发和生产的混蒸、低侧流、快燃、直罗纹、防伪、降焦减害、选择性降害卷烟纸等品种，已成功应用于国内名优卷烟企业以及一些国际500强企业和国际烟草巨头；描图纸有近年来研发和生产的高克重、多克重描图纸和特白描图纸等品种。在"求实认真、质量为本、自强不息、振兴民丰"的企业精神指引下，民丰人正以创新的理念、务实的作风，齐心协力朝着宏伟目标前进。①

---

① 来自公司官网，并进行了修改。

第二节　民丰特纸的环境成本核算现状

　　从民丰特纸的财务报告里可以看出，目前，民丰特纸还未引入环境成本核算体系来对环境成本进行单独核算，发生的环境成本依旧进行传统的费用化为主的处理方式。企业发生的环境事项没有单独处理，也未根据环保事项的性质加以分类处理。比如，将用于预防、治理污染等的环保设备作为通用固定资产计入"固定资产"账户中；将环境管理机构日常的运行费用以及环保监测设备发生的维护运行费用以及厂区的排污费和绿化费都计入当期"管理费用"之中。此外，对于企业造成的其他外部环境成本则没有做任何的估算、记录。在环境成本信息披露方面，自 2011 年起民丰特纸开始披露独立的环境报告，从这一行为可以看出，民丰特纸具有较强的环境保护意识和较强的社会责任意识。在环境报告书中，民丰特纸较为详细地披露了企业各类污染物的排放量以及是否达标情况（详见 2017 年民丰特纸污染物排放及处置情况表），同时也披露了企业的各项环保投入、环保目标等情况。在披露的形式上，以文字叙述为主，非货币形式的环境信息内容占比较高，货币形式的环境成本信息内容占比较低，且分布较分散，很难直观地给信息使用者提供一个完整的环保投入与产出信息。作为企业信息披露的主体，公司财务年报中所揭示的绿色成本信息更加有限，报表使用者无法直接从财务报表与报表附注中找到与环境成本有关的信息。这一方面受制于企业年报编制与披露的各种限制，另一方面由于企业缺乏提供这种信息的核算系统，自然无法提供此类信息。会计信息的使用者对企业环境成本信息的需求日益增强，而企业的会计信息系统却无法提供此类信息，造成信息需求与信息供给之间的严重脱节。如何改变这种状况？只有改变或更新原有的会计信息系统，才能从根本上解决这一问题。

第三节 民丰特纸的绿色成本核算

一、民丰特纸的环境管理体系

为了更好地贯彻国家环保法律，突出环境管理的重要地位，进一步强化企业的生产工作环境，预防环境污染，民丰特纸构建了较完备的环境管理体系。从管理制度建设与管理机构上来看，2017年5月，公司发文《关于调整公司环境管理委员会的通知》，由总经理担任环境管理委员会主任，下设办公室，统一组织协调环保事宜。目前，公司拥有专兼职环保人员42人，其中，高级工程师5人，工程师18人。环保机构人员具体设置情况及环保管理制度如表5-1所示。

表5-1 环保机构人员设置情况及环保管理制度

环境管理机构	人员	环境监测	管理制度
环境管理委员会	11人	有	《环境保护管理制度》《环境监测和测量控制程序》《固体废弃物控制程序》《噪声、大气污染控制程序》《环境突发事件应急预案》等

资料来源：民丰特纸2017年度环境报告书。

二、民丰特纸2017年度主要环境成本的确认与计量

严格地说，应该基于全生命周期的思想进行环境成本的核算才是最完整的核算，即应该按照从原材料获取、生产环节、流通环节以及废弃阶段进行

环境成本的核算。但由于造纸企业的产品是纸制品，是一种可以被自然界降解的物质，在流通和废弃阶段对环境的影响较小，按照重要性原则的要求，民丰特纸的环境成本核算主要针对原材料获取和生产阶段的绿色成本进行。2017年民丰特纸污染物排放及处置情况如表5-2所示。

表5-2 2017年民丰特纸污染物排放及处置情况

污染物			实际排放情况	主要处（置）理情况	执行排放标准	是否达标
入网废水	COD（mg/L）		124	物化	500	是
	NH$_3$-N		0.455		35	是
	pH值		7.67		6~9	是
锅炉烟气	SO$_2$（mg/m^3）		107	碱法脱硫除尘一体化+布袋除尘/炉内加钙脱硫+炉外静电除尘+半干法脱硫+布袋除尘	400	是
	NO$_X$（mg/m^3）		60		400	是
	烟尘（mg/m^3）		12.3		300	是
厂界噪声 dB（A）	东	昼	59.3	合理布局/降噪设计/润滑减震/隔声消声/绿化降噪	65	是
		夜	48.1		55	是
	南	昼	58.4		70	是
		夜	49.5		55	是
	西	昼	58.8		65	是
		夜	48.0		55	是
	北	昼	57.6		70	是
		夜	49.0		55	是
固废	一般固废（T）		44473	制取建筑材料/制取擦油纸/供方回收利用/降级利用/焚烧等	固废综合利用率96.7%	
	危险废物（T）		26.72	委托有资质的单位处置	严格执行危险物转移联单制度，处置率100%	

资料来源：民丰特纸2017年度环境报告书。

(一)原材料获取阶段

造纸企业在生产过程中消耗纸浆和煤炭,纸浆消耗木材,煤炭需要从地下开采使用。因此,森林植被与土地均受到企业生产活动的影响。企业需要承担因此而产生的环境成本。民丰特纸 2017 年的纸浆消耗量为 110134.31 吨,纸浆分为木浆和废纸浆两类,假定消耗的纸浆中,木浆占 40%,废纸浆占 60%,由造纸业纸浆的木材折算量(见表 5-3)可以折算出所消耗的木材量。

表 5-3 相关折算标准

项目名称	折算标准数值	备注
木浆	4.75m^3/吨	
废纸浆	3m^3/吨	
森林每公顷蓄积量	89.79m^3	
每公顷森林的价值	2.49 万元	
每立方米土壤的平均容重	1.7 吨	
吨煤开采扰动表土	1.1 吨	

资料来源:郑庆华. 我国造纸业供应链中木材资源的物质流分析[J]. 中国造纸,2013(6):21-27.

木浆耗用的木材量=110134.31×40%×4.75=209255.19m^3

废纸浆耗用的木材量=110134.31×60%×3=198241.76m^3

则森林的损失价值=(209255.19+198241.76)÷89.79×2.49=11300.45 万元。

2017 年,民丰特纸的煤炭消耗量为 12.64 万吨,根据恢复费用法的计算思路,因煤炭开采而导致的森林价值损失为土壤扰动面积与单位森林价值的乘积。

因煤炭开采导致的森林价值损失=[126400×1.1÷(1.7×0.3)]×2.49÷10000=67.88 万元。

企业因生产过程中消耗的木材与煤炭带来的环境成本,因为没有相关的规定,企业并未承担该成本而是转嫁给了社会,即"内部成本外部化"。企业应该以提取准备金的形式确认该部分成本,本书假定提取的比例为10%,则企业应计提的数值为(11300.45+67.88)×10%=113.68万元,账务处理如下:

借:环境成本——预防成本   113.68

贷:其他应付款——环境准备金   113.68

(二) 生产阶段的环境成本

在产品的生产阶段,环境成本主要发生在污染物排放造成的环境损害成本和企业投入的环境治理成本、预防成本和管理成本三个方面。具体投入情况如表5-4所示。

表5-4 2017年民丰特纸环保主要投入情况

投入项目	投入费用(万元)	内容
东区废水处理回用系统运行	906.43	污水处理设施运行(含用电、人工、维护、化学品)费用
西区废水处理回用系统运行	30.4	西区废水处理回用设施运行(含用电、人工、维护)费用
入网废水处理费	248.63	缴纳的入网废水处理费
烟气处理费用	550	烟气处理设施运行(含用电、人工、维护、化学品)费用
造纸污泥资源化利用、焚烧处置	420	厂外造纸污泥资源化利用、焚烧处置费用
覆土复耕	160	覆土复耕费用
排污权有偿使用费	661.73	2016~2017年度排污权有偿使用费
项目竣工环保验收费用	6.66	流化床锅炉技术改造项目7、8号锅炉竣工环保验收费用
委托监测费	5.66	入网废水、烟气排放
排污费	96.57	公司废气、噪声排污费
环境整治费用	83	迎检和督查环境整治费用
参加外部举办的相关教育培训	2.00	参加省、市相关部门举办的培训与会议及其相关培训教育培训

续表

投入项目	投入费用（万元）	内容
公司内部组织的安全、环保培训	2.00	公司环保部对各企业安全、环保主管人员以及环保设施运行人员等进行的专业培训
合计	3173.08	

资料来源：民丰特纸 2017 年度环境报告书。

1. 环境损害成本

第一，废水排污费的处理。民丰特纸排放的废水，经入网废水预处理系统处理达到纳管标准后，全部纳入嘉兴市嘉源污水处理有限公司的污水管网收集系统，进入嘉兴市联合污水处理有限公司的污水处理系统，进行集中处理与排放。2017 年，入网废水污染物排放基本达标，入网废水量为 102.34 万吨，支付入网废水处理费 248.63 万元。

第二，废气排放的处理。2017 年，民丰特纸烟气排放总量 14.90 亿标立方米，民丰特纸共有 4 台燃煤蒸汽锅炉，蒸发量均为 35 吨/时。其中，8 号、7 号和 6 号锅炉完成烟气超低排放改造并投运，烟气通过 65 米高的烟囱排放，5 号锅炉尚未完成改造工作，其烟气通过原 80 米高的烟囱排放。食堂油烟废气经油烟净化器处理后排放。2017 年，发生烟气治理费用 550 万元。

第三，噪声排污费。民丰特纸的厂区内噪声源主要集中在碎浆机、精浆机、空压机、鼓风机等设备上，并且主要发生在成浆和造纸两个生产环节。为了降低生产的噪声对厂区内人员以及周边邻里的危害，公司通过对场内生产噪声的设备进行合理布局，高噪声设备置于厂区中央、对厂房外墙进行降噪设计、对各种设备的电动机加隔声罩、加强厂区绿化以及尽量避免夜间运输等措施，将产生的噪声降低到国家标准以下（见表 5-2），没有对环境和周围的群众产生不良影响。因此，企业的噪声排污费为 0 元。

第四，固体废弃物排污费。2017年，民丰特纸一般工业固定废物产生总量为44473吨，危险废弃物为26.72吨，固废综合利用率96.7%，危险废弃物全部委托有资质的单位进行处理，严格执行危险物转移联单制度，处置率100%。可以看出，民丰特纸固体废弃物基本实现了对外界的零排放，对环境的损害可以忽略不计，企业的固体废弃物排污费为0。如表5-5所示。

表5-5 2017年民丰特纸固体废物利用处置情况

固废种类		数量	利用、处置方法
一般固废	废纸	14864.84吨	降级使用/回收利用
	废包装物	72.20吨	回收利用
	煤渣	10286.75吨	砖瓦厂制砖，综合利用
	粉煤灰	8713.70吨	制取混凝土，综合利用
	污泥	9520.75吨	制取擦油纸，综合利用，焚烧处置
危险废物	废矿物油/废皂化液	26.72吨	全部委托有资质的单位处置

资料来源：民丰特纸2017年度环境报告书。

第五，温室气体排放费。为了履行社会责任，企业积极承担温室气体减排义务，公司从源头做起，提高在线监测、计量、自动化与全程控制水平，合理节约燃煤、化学品、水、电、蒸汽，提高能源的综合利用水平。2016~2017年，共发生排污权使用费661.73万元，2017年，支付排污权使用费352万元。

综上所述，民丰特纸2017年因污染物排放而产生的环境成本=废水排污费+废弃排污费+噪声排污费+固体废物排污费+温室气体排放费=1150.63万元。则应进行以下账务处理：

借：环境成本——环境损失成本（排污费） 1150.63

贷：银行存款/应付账款 1150.63

2. 环境治理成本

第一，环保设施运行费。2017 年，民丰特纸在环保设施运行费的投入如表 5-6 所示，共发生环保设施运行费 936.83（906.43+30.4）万元。

第二，厂外造纸污泥资源化利用、焚烧处置费用 420 万元。

第三，因对土壤污染而发生覆土复耕费用 160 万元。会计处理如下：

借：环境成本——环境损失成本（排污费）　　1516.83

　　贷：银行存款/应付账款　　　　　　　　　　　1516.83

表 5-6　民丰特纸 2017 年生产阶段的环境成本表

环境成本类型	核算内容	计量方法	金额（万元）
环境损害成本	森林损害成本	估值法	113.68
	废水排污费	法律法规约定法	248.63
	废气排污费	法律法规约定法	550
	噪声排污费	法律法规约定法	0
	温室气体排放	法律法规约定法	352
	固体废弃物排放费	法律法规约定法	0
环境治理成本	环保设施运行费	实际支付法	936.83
	厂外造纸污泥资源化利用、焚烧处置费用	实际支付法	420
	覆土复耕费用	实际支付法	160
环境预防成本	发生的环保监测费用	实际支付法	5.66
	环保验收费用	实际支付法	6.66
环境管理成本	职工环境培训	实际支付法	4
	迎检和督查环境整治费用	实际支付法	83

3. 环境预防成本

环境预防成本是指在污染发生之前，企业为了预防其发生所进行的环保投入。由表 5-6 可知，2017 年，民丰特纸委托嘉兴市监测部门对企业的排放行为进行监测发生的费用为 5.66 万元。另外，流化床锅炉技术改造项目 7 号、8 号锅炉竣工环保验收费用 6.66 万元。企业应进行如下会计处理：

借：环境成本——环境预防成本　　12.32

　　　贷：银行存款/应付账款　　　　　　12.32

4. 环境管理成本

环境管理成本是指企业为了管理环境事项而发生的支出。主要包括：企业环境管理部门的各种开支；职工环境培训等。2017年，民丰特纸参加省、市相关部门举办的培训与会议的相关教育培训6次，发生培训费2万元；公司环保部对各企业安全、环保主管人员以及环保设施运行人员等进行的专业培训6次，共发生费用2万元；迎检和督查环境整治费用83万元。应进行如下账务处理：

借：环境成本——环境预防成本（管理费）87

　　　贷：银行存款　　　　　　　　　　　87

通过以上计算，民丰特纸2017年生产阶段的环境成本如表5-6所示。

三、民丰特纸2017年的主要环境成本分配

在对民丰特纸2017年的环境成本归集之后，要将环境成本分配给不同类型的产品。在分配过程中，对于森林的价值损失，以各类纸的产量作为分配标准；废气、废水的污染成本，可以废水、废气的排放量作为分配标准；对于废弃物的处置成本以废弃物的排放量为分配标准；对预防和治理环境而发生的成本，可以产品的产量作为分配标准。2017年，民丰特纸主要产品的产量分别为：卷烟纸34372吨、工业配套纸100271吨、描图纸2866吨、电容器纸354吨（数据来自民丰特纸2017年年报）。计算结果如表5-7所示。

表 5-7　民丰特纸 2017 年环境成本分配表

单位：万元

环境成本	分配标准	分配率	卷烟纸	工业配套纸	描图纸	电容器纸	合计
森林损害成本	产量	8.24×10^{-4}	28.34	82.68	2.36	0.3	113.68
废水排污费	排放量	1.11	39.78	186.47	9.95	12.43	248.63
废气排污费	排放量	3.69×10^{-3}	93.5	412.5	27.5	16.5	550
温室气体排放	排放量	19.22	52.8	246.4	17.6	15.98	352
环境治理成本	产量	0.011	378.09	1102.98	31.53	3.41	1516.83
环境预防成本	产量	8.936×10^{-5}	3.07	8.96	0.26	0.03	12.32
环境管理成本	产量	6.31×10^{-4}	21.69	63.28	1.81	0.22	87
合计			617.27	2103.27	91.05	48.87	2860.46

分配率的计算过程如下：

森林损害成本分配率=113.68÷(34372+10071+2866+354)=8.24×10^{-4} 万元/吨

废水排污费分配率=113.68 万元÷102.34 万立方米=1.11 元/立方米

废气排污费分配率=550 万元÷14.90 亿标立方米=3.69×10^{-3} 元/标立方米

温室气体排放费分配率=352 万元÷18.31 万吨=19.22 元/吨

环境治理成本分配率=1516.83÷(34372+100271+2866+354)=0.011

环境预防成本分配率=12.32÷(34372+100271+2866+354)=8.936×10^{-5} 万元/吨

环境管理成本分配率=87÷(34372+100271+2866+354)=6.31×10^{-4} 万元/吨

表 5-8　2017 年民丰特纸主要产品单位环境成本

单位：万元

产品名称	产量（吨）	环境成本总额（万元）	单位产品环境成本
卷烟纸	34372	617.27	0.018
工业配套纸	100271	2103.27	0.021
描图纸	2866	91.05	0.032
电容器纸	354	48.87	0.138
合计	137863	2860.46	—

表 5-9　2017 年民丰特纸主要产品的成本结构

单位：元

产品名称	材料费	人工费	燃料与动力	制造费用	环境成本	合计
卷烟纸					617.27	
工业配套纸					2103.27	
描图纸					91.05	
电容器纸					48.87	
合计					2860.46	

通过表 5-8、表 5-9 可以看出，2017 年，民丰特纸的电容器纸的单位环境成本最高，为 0.138 万元/吨，卷烟纸的单位环境成本最低，为 0.018 万元/吨，产量最大的工业配套纸单位环境成本为 0.021 万元/吨。环境成本的成本化处理必然会改变民丰特纸产品的成本结构，生产成本明细账的项目构成也将发生相应改变，以产量最大的工业配套纸为例，其明细账的变化如表 5-10 所示。

表 5-10　生产成本明细账（工业配套纸）

2017年		摘要	材料费	人工费	燃料与动力	制造费用	环境成本	合计
月	日							
		分配材料	N_1					
		分配人工		N_2				
		分配燃料			N_3			
		分配制造费用				N_4		
		分配环境成本					2103.27	
		本月合计						

四、民丰特纸 2017 年环境成本报告

作为重污染行业中的上市公司，民丰特纸的重要任务之一就是降低环境负荷，在追求经济效益的同时，不断提高企业的环境效益。同时，对于企业的利益相关者，民丰特纸应该通过编制独立环境成本报告的模式提供相关信息，从而满足他们的信息需求。根据以上的计算结果，编制如下环境成本报告，如表 5-11 所示。

表 5-11　民丰特纸 2017 年环境成本报告

编制单位：民丰特纸　　　　2017 年 12 月 31 日　　　　　　单位：万元，%

项目	金额	所占比重	2015 年占比
一、环境损害成本			
森林损害成本	113.68		
废水排污费	248.63	43.89	34.79
废气排污费	550		
温室气体排放	352		
小计	1264.23		

109

续表

项目	金额	所占比重	2015年占比
二、环境治理成本			
环保设施运行费	936.83		
厂外造纸污泥资源化利用、焚烧处置费用	420	52.66	64.90
覆土复耕费用	160		
小计	1516.83		
三、环境预防成本			
发生的环保监测费用	5.66	0.43	0.21
环保验收费用	6.66		
小计	12.32		
四、环境管理成本			
职工环境培训	4	3.02	0.11
迎检和督查环境整治费用	83		
小计	87		
合计	2860.46	100	100

会计主管： 审核： 制表：

表 5–12 环境成本对比分析

编制单位：民丰特纸　　　　　2017年12月31日　　　　　单位：万元，%

年份	环境成本	总成本	环境成本占比
2015	3753.96	144397.79	2.60
2016	3014.45	161598.98	1.86
2017	2860.46	158059.53	1.81
均值	3209.62	154685.43	2.09

注：总成本=营业成本+管理费用+销售费用+财务费用，数据均来自企业年报。

通过以上数据可以看出，由于民丰特纸采用了各种措施降低环境成本，自2015年起，环境成本在企业总成本中所占的比重呈现逐渐下降的趋势。具体措施主要包括以下几个方面：

第一，企业树立了很到位的环保理念。从企业管理层到普通职工均具有强烈的环保意识,并将环保的意识外化为实际的保护环境行为。

第二,建立专门组织机构来统筹与协调企业的环保事宜。从组织机构来看,民丰特纸设有专门的环境管理委员会,并由总经理任该委员会的主任,为企业环境保护活动的顺利实施提供了重要的组织保证。

第三,民丰特纸制定了相关的内部管理制度,为企业的环境保护行为提供了重要的制度保证。制度的建立可以产生一种约束力,将对企业行为以及职工行为的合理与否提供判断依据,也为奖励与惩罚提供标准。

第四,企业环境保护投资不断发挥作用。从民丰特纸的实际行为可以看出,企业一直在环保设备的投入、相关设备的更新改造以及环保技术的研发活动从未停止。伴随以前投入效用的不断显现,一个突出的表现是企业环境负荷的不断降低、企业的环境成本也呈现递减的趋势。

作为造纸行业的重要企业之一,民丰特纸正在通过自身的努力与结果证明:如何认真履行一个企业应承担的环境保护义务,如何实现经济效益与环境效益的双重丰收。同时,大量的事实也不断在说明一个简单的道理:一个受人尊敬的企业,不仅是能够取得巨大经济效益的企业,还应该是一个主动承担包括环保责任在内的社会责任的企业,因为企业的社会责任意识正如一个人的道德良知,而只有具备高尚的道德才可能成为人们敬仰的对象。衷心地希望具有良好社会责任意识的企业越来越多,这将是社会的幸事,国家的好事,人民的福音。

第六章
L 煤炭企业的绿色成本核算

煤炭企业是重要的能源提供者，在国民经济中处于非常重要的地位。我国是传统的煤炭生产与消费大国，在能源消费结构中，煤炭长期居于首位。煤炭企业在生产过程中会破坏土壤、破坏森林、影响地下水，煤矸石也会对环境产生负面影响。但是，煤炭企业长期忽略企业的环境成本，这对环境效益、企业的长远发展都非常不利。近几年来，伴随着国家宏观经济政策的调整，以能源、矿产资源开采为主的资源消耗型企业面临着产能过剩、经济下滑、需求减少等问题，加上环保管制对煤炭企业的约束，整个煤炭行业正处于不利的发展时期。2018年4月1日，是煤炭企业的首个环保税申报期，中型规模以上的煤炭企业需支付新的环境支出——环保税。如何摆脱这种不利局面是煤炭行业的当务之急。对于企业来说，国家宏观政策的约束是刚性的，无法自行改变。因此，只能顺应国家的政策导向，接受政策的引导转向更为合理的发展方向，"绿色发展"正是煤炭企业的首选目标。在煤炭企业的这一转变过程中，首先要对原有的生产工艺、落后技术进行更新换代，同时，还需要将以前未曾关注的"环境成本"考虑在所开采的煤炭之中，实现成本核算的"绿色化"，这也是煤炭企业实现转变的重要基础。

第一节　煤炭行业环境成本核算的基本状况

已有的相关资料显示，大多数煤炭企业对环境事项的处理方式是直接计入相关资产、负债账户中，还没有建立独立的环境成本核算体系来对环境成本进行核算，发生的环境成本依旧进行传统的费用化为主的处理方式。企业发生的环境事项没有单独处理，也未根据环保事项的性质加以分类处理。比如，将用于预防、治理污染等的环保设备作为通用固定资产计入"固定资产"账户中；将环境管理机构日常的运行费用以及环保监测设备发生的维护运行费用以及厂区的排污费和绿化费都计入当期"管理费用"之中。对于企业生产造成的水污染及大气污染进行罚款，计入营业外支出。简化处理实际中的此类成本，易造成信息失真的现象发生，这也是部分煤炭企业无法详细了解其自身实际环境成本相关信息的原因之一。而且由于相关环境成本信息的失真，应该进行计量的相关成本并没有进行应有的计量，企业自身利润呈现虚增的现象。实际中无法进行煤炭企业成本的科学核算，导致煤炭企业的整体成本无法正常体现，从而致使煤炭企业无法实现环境效益与经济效益最优的双重目标。从会计核算的具体环节来看，基本状况如下：

一、确认环节

煤炭企业环境成本核算的内容主要包括：

第一，煤炭企业在实际生产经营活动中所发生的一系列与环境相关的成本。如煤炭企业在进行其原材料获取的过程当中所发生的费用、用于直接人工的费用、用于地下煤炭勘测工作的相关费用以及在其自身生产经营过程中所带来的污染处理费用等。

第二，煤炭企业用于指定或特定用途的专项费用。如对煤炭企业自身环保绿化的费用、煤炭开采完成之后的填充费、用于保障人员安全的费用等。

第三，煤炭企业进行资源开采所支付的各项税费。如支付的环境保护税、采煤塌陷区整治费、煤矸石处置费用等。煤炭企业并没有对其环境成本进行专门的确认及核算，同时排污费、绿化费、地下充填费等相关费用是很随意进行归类的。诸如此类的费用，有的计入"产品成本"，有的划归到"管理费用"科目中，其他更加不明显的支出则会划归为其他费用类或损益类项目中。可见，煤炭企业环境成本的确认还没有形成具体的规范。

二、计量环节

从煤炭企业目前的计量环节来看，主要根据传统财务会计的信息质量要求，如可靠性、及时性、相关性、稳健性等进行。作为会计信息的总体质量要求，在进行环境成本信息的处理过程中必须遵从这些要求。此外，为了更好地计量煤炭企业的环境成本，还要认真考虑煤炭企业环境成本的特殊性。如前所述，环境成本具有潜在性、外部性的特征，采用单一的计量属性无法将其全部货币化。同时，自然资源与生态资源被损害后通常很难取得直接证据，这与传统会计计量中所要求的客观性就产生了一定的矛盾。除此之外，在已有的研究中尽管对环境成本包括的范围进行了较多的探讨，也形成了一些相对集中的观点，但环境成本到底应该包括哪些内容，实际上并没有明确的结论。这在一定程度上对环境成本的计量处理带来了不便。计量环节一般采用的方法是，根据不同的环境成本分别采用不同的计量方法。同时，一些生态资源、环境资源的价值确定上若采用市场价格为基础的方法，也会面临相同或类似资产较难取得的不利局面。所有这些问题的存在必然导致煤炭企业在环境成本的计量环节遇到诸多问题,从而影响煤炭企业的环境成本核算工作。

三、披露环节

出于满足利益相关者的会计信息需要,企业的各种会计信息均需要通过适当的形式进行披露,环境成本的信息也不例外。作为环境会计信息的重要组成部分,环境成本信息如何披露也是煤炭企业面对的一个问题。煤炭企业环境会计信息的披露状况是怎样的?我们可以从上市公司的披露中看出,具体情况如表 6-1、表 6-2 所示。

表 6-1 煤炭类上市公司环境会计信息披露状况

年份	披露水平		披露形式			
	披露数量(个)	披露比重(%)	财务报表附注	董事会报告	社会责任报告	股东大会决议
2013	20	80	20	14	13	0
2014	21	84	21	11	12	2
2015	21	84	21	12	12	3
2016	21	84	21	12	13	2
2017	22	88	21	13	13	1

资料来源:王树锋,尚磊,席俪嘉.煤炭企业环境会计信息披露问题及对策研究[J].会计之友,2018(9):48-52.

表 6-2 煤炭类上市公司环境会计信息的披露内容

单位：家，%

披露内容		2013年		2014年		2015年		2016年	
		数量	占比	数量	占比	数量	占比	数量	占比
财务类	环保项目投入	17	68	18	72	18	72	18	72
	环境治理成本	13	52	15	60	15	60	14	56
	应交相关税费	20	80	22	88	23	72	24	96
	政策补贴	11	44	10	40	13	52	10	40
非财务类	环保管理体系	13	52	12	48	12	48	14	56
	环境绩效	10	40	9	36	11	44	11	44
	审计鉴定	2	8	2	8	3	12	3	12
	污染排放量	2	8	2	8	5	20	4	16

资料来源：王树锋，尚磊，席俪嘉.煤炭企业环境会计信息披露问题及对策研究[J].会计之友，2018（9）：48-52.

第二节 L煤炭企业的绿色成本核算

一、L煤炭企业的基本情况

L煤炭企业于1959年1月1日正式成立，2000年8月，整体改制为有限责任公司，是一家以煤炭为基础的能源型企业集团，并多次被评为十佳煤炭企业，该公司主要致力于煤焦化产业、煤电化产业以及煤油化产业三条产业链的发展。目前，公司旗下员工 5 万余人，共包括控股子公司 20 个左右，省级托管公司一个，独资子公司一个，在全国煤炭行业中排名第 10 位。根据 2017 年年报披露，营业总收入 235.4 亿元，比上年增加 93.1 亿元，同比增长约 39.6%；营业总成本 200.5 亿元，比上年增加 69.7 亿元，同比增长约 34.8%；实现净利润 24.6 亿元，比上年增长 17.6 亿元。

二、L 煤炭企业进行绿色成本核算的必要性

作为煤炭行业的重要组成部分，L 煤炭企业也存在行业的共同问题。如何适应新的环境条件、新的核算要求是每一家煤炭企业都必须要考虑的问题，L 煤炭企业也不例外。因此，总体上来说，企业进行绿色成本核算是出于适应外部环境发展与内部核算要求变化双重压力的必然行为。具体来说，L 煤炭企业进行绿色成本核算的必要性包括以下几个方面：

（一）低碳经济的发展要求企业成本核算体系转型

低碳经济模式已经逐渐从一种发展理念变为现实的生产活动，并且不断显现其优越性。作为生产型企业，煤炭企业必须要适应这种发展理念的变化，才能在未来的生产活动中符合外部环境的要求，实现生存与不断进步的企业目标。

（二）回应企业产品消费者日益提升的环保需求

当前的市场已经转变为"买方市场"，这一变化要求作为产品提供者的企业必须要时刻关注消费者的需求变化，并且通过产品的不断转型与升级迎合消费者的需求变化，只有这样，企业才有市场。一个没有市场的企业是无法生存的，发展更加不现实。从目前的市场状况看，越来越多的消费者树立了"绿色消费"的理念，他们在选购商品时，价格的高低已经不是选购时的首要因素，产品是否"绿色"成为其购买行为的决定因素。煤炭企业的产品必须要顺应消费者的这种变化，迎合消费者对产品成本中环境成本的数据需

求，只有这样，才能赢得更多的消费者和更大的消费市场。

（三）企业长期发展战略的现实需要

对于所有企业而言，追求更加长远的发展是其重要的目标，于是，各种发展战略应运而生。成本领先战略、差异化战略、多元化战略、国际化战略等不断涌现，并且取得了非常显著的成效，也使一些企业基业长青。但是，如果我们仔细审视这些发展战略就会发现：它们的立足点是企业经济效益的最大化，空间范围是某一家企业或相关的若干家企业，它们的视角是比较窄的。普遍联系的哲学原理告诉我们：事物之间都是有联系的。企业虽然是一个经济组织，但它与自然界之间存在着密切的联系。因此，在发展过程中必须考虑其生产经营活动与自然之间的互动关系，只有形成良性关系才可能帮助企业顺利发展。我们可以将这种与自然环境保持友好关系的发展战略定义为"环境友好发展战略"。这一新型发展战略摒弃了过去那种企业自身经济利益至上的短视发展战略，追求企业经济效益与环境效益的平衡，应该成为所有高污染、高耗能企业的首选发展战略。

（四）产品成本结构合理化要求纳入环境成本因素

如前所述，传统的成本结构是狭义的，实际上欠缺了一些重要的成本内容，比如环境成本。因此，合理的成本结构必须回归成本的原意，纳入环境成本。长期以来，煤炭企业的产品成本中并没有环境成本的部分，造成煤炭成本的虚低，也给煤炭企业造成一种高毛利水平的假象，进而引起煤炭企业不断增加产能、扩大生产的冲动，并最终在市场需求降低的环境下整个行业的发展受到影响，至今依然没有很好的恢复。所以，通过绿色成本核算，将有助于煤炭企业获取真实的企业产品成本，帮助企业做出正确的产品决策及其他经营决策。

三、L 煤炭企业的绿色成本核算过程

在核算成本的过程中,生命周期成本是一种重要的方法。生命周期成本,即企业所生产的产品在有效使用期间所发生的总成本,它主要涵盖了产品设计成本、制造成本等。使用该方法对企业环境成本进行核算时,需要充分考虑企业生产活动中的各个环节。对煤炭企业而言,主要对煤炭开采、加工、废弃三个阶段进行充分考量,以便进行环境成本的核算。如表 6-3 所示。

表 6-3 不同生命周期阶段的环境成本

所处阶段	环境成本	内容举例
设计阶段	研究设计环境成本	进行设计时,选择较为环保的材料及工艺
生产阶段	获取资源、能源环境成本	用于环保资源及相关能源获取的成本
	设备投资	用于清洁生产设备的购买与维护支出
	生产环境成本	用于进行环境监测的相关成本
销售阶段	流通环境成本	环境包装的支出及运输成本
使用阶段	使用环境成本	资源能源消耗成本;污染治理成本
废弃回收阶段	再生循环环境成本	再生循环项目投资与运营费用等
	废弃环境成本	用于投资废弃物处理设施的支出;用于不符合环境标准的罚款支出

资料来源:张爽. 潞安余吾煤业有限公司环境成本核算方案设计 [D]. 西安理工大学博士学位论文,2018.

(一)L 煤炭企业 2017 年环境成本的确认与计量

L 煤炭企业 2017 年发生的主要环境事项及账务处理如下:

(1)2017 年 1 月,L 煤炭企业投资 427 万元建立了全套污水排治一体系统,预计可使用 30 年,每年可处理的污水量约为 70 万吨。该废水处理系统的运营费用如表 6-4 所示。

表 6-4 L 煤炭企业废水处理系统运行费用明细表

序号	费用名称	金额（万元）
1	材料费	13
2	电、燃料费	10
3	折旧费	15
4	人工费	20
5	合计	58

注：本数据为假拟数据。

账务处理如下：

借：固定资产——环保用固定资产　427 万元

　　贷：银行存款　　　　　　　　427 万元

借：环境成本　58

　　贷：原材料　13

　　　　累计折旧　　　　　15

　　　　应付职工薪酬　　　20

　　　　银行存款等　　　　10

（2）2017 年 L 煤炭企业为治理煤炭生产过程中的扬尘所采取的主要措施有：购置防尘网罩、购买洒水车洒水降尘、修建大型屯煤仓、建造避风墙，为煤炭加工设备安装祛尘配件等。因为这些举措而引发的环境费用如表 6-5 所示。

表 6-5 L 煤炭企业主要扬尘防护设施明细表

序号	设施名称	取得成本（万元）	运行费用（万元/年）
1	避风墙	200	10
2	洒水设备	50	8
3	防尘装置	30	5
4	其他配件	20	7
5	合计	300	30

注：因企业年报中无法获取该类数据，本数据为假拟数据。

账务处理如下：

取得该类设备时，

借：在建工程/固定资产——环保用固定资产——避风墙　200

　　　　　　　　　　　　　　　　　　——洒水设备　50

　　　　　　　　　　　　　　　　　　——防尘装置　30

　　　　　　　　　　　　　　　　　　——其他配件　20

　　贷：银行存款等　　　　　　　　　　　　　　　　300

发生运行费用时，

借：环境成本——环境治理成本　30

　　贷：累计折旧等　　　　　　30

（3）为了减少煤炭开采以及加工对周边环境造成的污染，L煤炭企业2017年4月购入两套空气净化装置，共计90万元。该装置的预计使用年限为10年，预计净残值为0，采用平均年限法计提折旧，则年折旧额为3万元。此时的账务处理为：

借：固定资产——环保用固定资产——空气净化装置　90

　　贷：银行存款等　　　　　　　　　　　　　　　90

年末计提折旧时，

借：环境成本——环境治理成本　9

　　贷：累计折旧　　　　　　　　9

（4）L煤炭企业2017年环保部门发生各项运行费用60万元。账务处理如下：

借：环境成本——环境管理成本　60

　　贷：应付职工薪酬、银行存款等　60

（5）L煤炭企业对其矿区进行绿化维护，共发生费用18万元。

借：环境成本——环境治理成本　　18

　　贷：银行存款等　　　　　　　　　　　　18

（6）L 煤炭企业对该矿煤矸石山进行绿化还垦，共投资 310 万元。

借：环境成本——环境治理成本　　310

　　贷：银行存款等　　　　　　　　　　　　310

（7）由于 L 煤炭企业产生的煤炭尾渣残灰对地表土质层造成了大面积污染，也影响了堆放地周边的植被生长、农作物种植，破坏了当地居民的生活及自然环境，估计在之后会发生环境治理费用，故于年底计提了环境成本准备金 60 万元。

借：环境成本——环境预防成本　　60

　　贷：预计负债——环境损害准备金　　　　60

（8）2017 年，L 煤炭企业还发生其他环境费用，具体如表 6-6 所示。

表 6-6　L 煤炭企业 2017 年其他环境支出明细表

序号	费用名称	金额（万元）	备注
1	污染治理费	20	
2	污水排放费	100	
3	环境绿化费	70	
4	环保行政收费	30	
5	环境污染补偿费	20	
6	环保科研经费	30	
7	环境监测费用	20	
8	职工环保培训费	10	
9	合计	300	

注：因企业年报中无法获取该类数据，本数据为假拟数据。

账务处理如下：

借：环境成本　300

　　贷：银行存款等　300

根据以上账务处理，可以编制 L 煤炭企业 2017 年环境成本明细表，如表 6-7 所示。

表 6-7　L 煤炭企业 2017 年环境成本明细表

环境成本类型	核算内容	计量方法	金额（万元）
环境损害成本	污水排放费	法律法规约定法	100
	小计		100
环境治理成本	环保设施运行费	实际支付法	58
	环保设备折旧费	实际计提法	39
	环境绿化费用	实际支付法	88
	污染治理费	实际支付法	20
	煤矸石绿化还垦费	实际支付法	310
	小计		515
环境预防成本	发生的环保监测费用	实际支付法	20
	环保科研经费	实际支付法	30
	环境损害准备金	估计法	60
	小计		110
环境管理成本	职工环保培训费	实际支付法	10
	环保行政收费	实际支付法	30
	企业环保机构运营费		60
	小计		100
合计			825

（二）L 煤炭企业 2017 年环境成本的分配

企业发生的环境成本，可以选择不同的分配方法进行成本分配。除了传统的单一标准分配方法之外，作业成本法是最常用的分配方法。本书也以作业成本法为首选，对企业 2017 年发生的环境成本进行分配。

1. 作业成本法的内涵

20 世纪 80 年代以来，随着社会发展、科学技术的不断进步，企业的生产经营环境发生了巨大变化——生产的自动化程度不断提高，产品的科技含量日益增强，生产成本中的间接费用大幅度提高。在这种情况下，采用传统成本计算方法生成的成本信息与实际成本之间产生了偏差，可能对企业的经营决策产生误导。为了提高企业的决策水平，对于成本的核算就需要更加科学的方法，作业成本法应运而生。作业成本法是以作业为基础，以成本动因理论为主要理论依据，通过分析成本发生的驱动因素对构成企业产品成本的间接费用采用不同的分配率进行分配的一种成本计算方法。

2. 作业成本法的理论基础

作业成本法的理论基础是成本动因理论，这种理论认为成本的分配应着眼于成本的发生原因，把成本的分配与导致这些成本发生的原因联系起来，按照成本发生的原因进行分配。所谓成本动因，是指引起成本发生的活动或事项，可以是一个事件、一项活动或一项作业。

3. 作业成本法的特点

与传统的成本分配方法相比，作业成本法的特点主要表现在以下几个方面：

第一，成本计算对象及范围方面。传统成本法以企业所生产的各种产品作为成本计算对象，比较关注产品成本结果本身。产品成本仅包括产品生产过程中发生的制造成本，就其经济内容看，也仅包括与产品生产过程中直接有关的费用，而企业用于产品研发和设计的成本、管理和组织生产的费用以及产品销售费用则不计入成本核算对象。由此可知，传统成本法只注重核算生产过程的成本，不注重管理过程的成本，只注重投产后的成本，而忽视投产前的产品开发成本。

作业成本法以各种作业为成本计算对象，将作业视为资源转化成产品的中介，依据作业对资源的消耗情况将资源的成本分配到作业，再由作业依据成本动因追踪到产品成本的形成和累积过程，最终得出产品成本。作业成本法下的产品成本不再局限于生产领域，而是从生产领域向两边扩展，向前延伸到产品的研发、设计阶段，向后延伸到产品的营销和售后服务阶段，是产品的全部成本。

第二，分配基础方面。传统成本法与作业成本法在分配基础上也存在明显的区别。传统成本法更关注产品本身，产量被视为产品成本唯一的动因。而作业成本法更关注产品生产的过程，成本动因具有多样性。在传统成本法下，间接费用在产品之间通常按照人工工时、机器工时或直接材料等进行分配。由于人工工时、机器工时、直接材料这类分配基础与产品的产量有直接关系，因此可以称为"以数量为基础的"分配方法。当企业只生产少数几种产品，直接人工成本和直接材料成本是构成产品成本的主要因素，间接费用很小的情况下，采用与生产数量相关的标准分配间接费用，所提供的成本信息比较准确。伴随企业生产经营环境的变化，产品的成本结构也相应发生了变化。很多人工被机器所取代，直接人工成本比重下降，同时，机器设备折旧、无形资产摊销等费用的比重大大提高。间接费用并不是单纯地被生产数量所制约，与生产数量的相关性也在逐渐削弱，而更多的是要受与生产数量相对独立的一系列作业量制约。面对间接费用在产品总成本中的比重日趋增大，产品品种日趋复杂多样和小批量生产的市场需要，面对日益激烈的市场竞争，采用与生产数量相关的标准来分配大量的与生产数量无关的间接费用，造成产品成本信息的扭曲：大批量标准化的产品比小批量个性化的产品分摊了更多的制造费用，造成产量高、生产工艺简单的产品成本被高估，而产量低、生产工艺复杂的产品成本被低估。产品成本信息失真的后果是导致管理人员在成本决策上的失误和产品成本失控。作业成本法下的成本分配基础不再局限于传统成本法所采用的单一数量分配基础，强化了间接费用与产品实际消耗之间的相关性，从而提高了产品成本计算的准确性。

第三，成本信息的有用性不同。传统成本法的单一分配标准在某些时候并未遵循"谁受益，谁负担；多受益，多负担；少受益，少负担"的受益原则,导致成本信息失真,成本信息失真自然会影响成本信息的有用性。如果企业在同一生产车间生产两种产品,一种产量高,另一种产量低,那么在传统的生产工时比例分配法下,高产量的产品由于耗用工时多,将承担较多的厂房折旧费,而低产量的产品由于耗用的工时少,就负担较少的厂房折旧费。实际上,两种产品占用厂房的时间是相同的,应该分担相同的折旧费。所以,采用传统的成本计算方法可能会高估高产量产品的成本,而低估低产量产品的成本。因此,传统成本法更适合企业的短期经营决策,不适合企业长期的经营管理。

作业成本法以作业为中心,首先确定间接费用分配的合理基础——作业,然后找出成本动因,具有相同性质的成本动因组成若干个成本库,一个成本库所汇集的成本可以按照其有代表性的成本动因来进行间接费用的分配,使之归属于各个相关产品。作业成本法针对生产过程中每种作业选取属于自己的分配率,按各产品消耗的成本动因或作业的数量将成本库中的成本逐一分配到产品中,这样,成本核算的核心就集中在了对资源一步步消耗的各个具体环节中,真正消除了传统成本法中用人工工时等作为唯一标准分配全部间接费用的不合理性,使成本信息更加准确,从而提高了成本信息的有用性。

4. 作业成本法应用的现实意义

第一,使企业的产销决策更加合理。通过以上的分析可知,传统成本法下的成本信息是不科学的。在粗放式劳动密集型产业中,产品中人力、材料等直接成本占总成本的大部分,而间接成本所占比重较小,所以传统成本法对间接费用分配的不合理数额所占的比例也较低;同时,由于产品的利润较高,保证了单价和成本之间存在较大差额,足以抵消传统成本信息失真的影响,通常不会导致严重的决策失误。但是,随着新经济时代的到来,企业自动化、智能化程度越来越高,生产工人工资等直接成本所占的比例大大减少，间接费用比例大幅提高，传统成本信息失真的数额越来越大；而且，随着市场环境的变化，企业之间的竞争日益激烈，许多产品的市场单价已经逼近成本，容纳不了太多的成本误差。如果此时仍以传统成本信息为基础做出产销决策，可能会产生严重的不良后果。采用作业成本法后，由于成本信息更具科学性、相关性，从而使产销决策更加合理。

第二，有助于提升企业的内部管理水平。实施作业成本法的意义还在于，在作业中心的基础上建立责任中心，能够更加有效地实施责任会计目标。在作业成本法的核算过程中，成本核算的核心集中在了生产对资源一步步消耗的各个具体环节中，准确把握了各种作业活动，从而控制了成本的形成过程。如果某部门耗用总成本过多，要引起重视，查明原因，看是否存在贪污、浪费等现象，以及是否该部门技术不够先进，工艺不够合理。这样，作业成本法就把管理者的注意力引向了资源消耗的原因上，有利于更好地执行责任会计制度，改善内部管理。

第三，有利于企业优化资源配置。实施作业成本法有利于企业通过对资源如何一步步的消耗过程的具体分析和控制优化资源配置，发挥企业内部各部门之间、各工艺和各生产环节之间的协同作用，充分利用各种资源，提高企业的经济效益。

5. 作业成本法的应用条件

第一，间接费用占产品成本的比例较高。作业成本法与传统成本法最大的区别在于间接费用的分配。如果企业的产品成本结构中，材料费用、工资费用水平较高，而间接费用水平相对较低，采用作业成本法的意义不大，而且还可能增加企业的成本费用。因此，如果企业采用高新技术，间接费用的金额较大，采用作业成本法较合适。

第二，企业产品种类丰富。如果企业产品种类单一，那么，由于产品的品种少，所以大部分费用都属于直接费用，可直接计入产品的成本当中，无须在各种产品之间进行分配。由于产品的种类多,则间接费用在各产品之间进行分配的情况较多,为了保证成本信息的准确性,可以采用作业成本法。

第三,会计信息化程度较高。作业成本法分配间接费用所依据的成本动因不唯一,引起间接费用的作业、生产准备、市场监督、机器耗费、订购事项、材料处理、完工产品储存等都可以以其计量因素作为成本动因。此外,作业成本法中的成本对象也是多样的,可以是产品、服务、顾客、订单等。可见,作业成本法需要收集和处理的数据量远高于传统成本核算法,尤其在生产过程复杂、产品种类多样的企业更是如此。因此,必须要建立一套可靠的会计信息系统来处理相关的数据。

第四,管理层的支持是应用作业成本法的必要条件。在推行作业成本法的初期,由于会增加相关人员的工作量,因而很容易遭到反对。另外,为了实施作业成本法所进行的各项分析,可能会暴露企业在管理过程中存在的一些问题,相关的管理人员会因为感到威胁而反对实施作业成本法。所以,实施作业成本法必须要得到管理层的认同与支持。

(三)作业成本法的应用过程

采用作业成本法进行成本分配时,通常的过程是:

第一,确定分配对象;L煤炭企业2017年的环境成本归集。

第二,确定成本动因;在确定成本动因时,要根据不同的成本追溯成本发生的原因。

第三,以成本动因为标准分配各种成本。

第四,汇总成本,取得产品或劳务的总成本及单位成本。如表6-8所示。

表 6-8　环境成本动因表

序号	环境成本	金额（万元）	成本动因
1	污水排放费	100	污水的排放量（吨）
2	环保设施运行费	58	环保设施的运行时间（小时）
3	环保设备折旧费	39	煤炭的开采量（吨）
4	环境绿化费用	88	绿化面积（平方米）
5	污染治理费	20	煤炭的开采量（吨）
6	煤矸石绿化还垦费	310	煤矸石的数量（吨）
7	发生的环保监测费用	20	环保监测时间（小时）
8	环保科研经费	30	煤炭的开采量（吨）
9	环境损害准备金	60	煤炭的开采量（吨）
10	职工环保培训费	10	不同类型职工的数量（人）
11	环保行政收费	30	煤炭的开采量（吨）
12	企业环保机构运营费	60	环保机构的运营时间（小时）

在确定好成本动因之后，根据分配率=分配对象÷成本动因之和的计算思路，可以计算出 L 煤炭企业主要产品原煤与洗选煤的环境成本负担数额。结果如表 6-9 所示。

表 6-9　环境成本分配表

单位：万元

序号	环境成本	成本动因	原煤	洗选煤
1	污水排放费	污水的排放量（吨）	72	28
2	环保设施运行费	环保设施的运行时间（小时）	38	20
3	环保设备折旧费	煤炭的开采量（吨）	29	10
4	环境绿化费用	绿化面积（平方米）	58	30
5	污染治理费	煤炭的开采量（吨）	12	8
6	煤矸石绿化还垦费	煤矸石的数量（吨）	236	74
7	发生的环保监测费用	环保监测时间（小时）	14	6
8	环保科研经费	煤炭的开采量（吨）	17	13
9	环境损害准备金	煤炭的开采量（吨）	42	18
10	职工环保培训费	不同类型职工的数量（人）	6	4
11	环保行政收费	煤炭的开采量（吨）	21	9
12	企业环保机构运营费	环保机构的运营时间（小时）	45	15
13	合计		590	235

2017年，L煤炭企业原煤的产量为1964.8万吨，洗选煤的产量为1057.6万吨，则每吨原煤、洗选煤需要分配的环境成本分别为0.3元、0.22元。

根据以上的计算结果，并结合煤炭的主要成本构成，可编制L煤炭企业主要产品的成本结构，如表6-10所示。

表6-10　L煤炭企业2017年主要产品成本结构表

单位：元

产品种类	成本项目					
	人工费	材料费	折旧费	电费	环境成本	合计
原煤					0.30	
洗选煤					0.22	

（四）L煤炭企业2017年环境成本数据的解读

在解读采用作业成本法进行分配的数据时，需要注意该种方法可能带来的数据误读，因为作业成本法的应用受到多种因素的影响。具体来说，主要包括以下两个方面：

1. 作业成本法自身的制约因素

作业成本法虽然大大减少了传统成本法在成本计算上的主观分配，但并没有从根本上消除成本核算的主观性。因为应用作业成本法需要确定成本动因，而成本动因的确认具有一定程度的主观性。一般来说，成本动因与间接费用的相关程度越低，成本动因的确认越难；要求产品成本的精确程度越高，所需成本动因越多；成本计量中的成本动因越不易获得，则确认越困难。这些状况的存在导致了成本动因的确认难免带有主观性和一定程度的武断性，进而降低了采用作业成本法生成数据的客观程度。

另外，作业成本法的重点主要集中于制造领域发生的间接费用的分配过程，而对于非制造领域的间接成本的分配问题涉及较少，特别是企业在对新产品的盈利能力进行评估时，作业成本法无法反映新产品所耗用的成本。同时，作业成本法在分配间接费用时注重单项成本，通过降低每一项成本和省略无用作业来实现总成本的降低。但是，作业成本法没有对总成本进行事先规划，没有确定的目标成本，因此，其降低成本的效果是有限的。

2. 外部环境的制约因素

近些年来，我国的科学技术水平虽然得到了迅速提高，但企业整体的技术水平仍然不高，能将高新技术应用于生产领域的企业依然比较少。因此，适合作业成本法应用的制造环境还尚未真正形成。另外，我国人民生活水平虽然已经基本上达到小康，但市场的多样性需求还略显不足。并且，从目前我国大多数企业的技术水平和成本结构来看，大部分企业仍属于劳动密集型企业，传统的大规模、少品种、批量生产方式仍占主导地位。此外，虽然作业成本法是一种先进的成本计算方法，但并未获得我国有关会计准则和制度的认可，因此企业要实施作业成本法，将作业成本信息用于财务披露和税收目的依然存在制度障碍。以上制约因素的存在，要求数据的使用者对环境成本数据阅读和使用时必须关注可能带来的误读与不利影响，只有这样，才能真正理解数据背后所隐含的真实意义。

综上所述，采用作业成本法对 L 煤炭企业 2017 年的环境成本进行了分配处理，实现了以前处理方式下无法获取的单位产品环境成本信息，这无疑是很大的进步。这一数据会提醒企业的管理者，在产品成本中包含了应该对环境损害所要补偿的数额，企业管理层在进行相关产品决策时必须要考虑对环境的影响，做出既有利于企业又无损环境的决策才是更加科学、合理的。

第七章
绿色成本核算对企业的影响及运行保障措施

第一节 绿色成本核算对企业的影响

作为一种新型核算理念下的产物,绿色成本核算体系的运行将会对企业的各个方面产生影响。首先,企业的财务活动(包括财务成果)会受到影响,因为在新的核算体系下,原来的会计事项类别发生了明显变化,以前计入当期损益的项目要计入成本;之前计入成本的项目要计入当期损益,企业的财务状况与经营成果受到影响。其次,企业的管理活动也会受到不同程度的影响。作为企业管理活动的重要组成部分,财务管理活动的内容、方法、手段等均受到影响。这就要求企业的管理者要转变管理观念,适应管理对象的变化才能实现更好的管理效果。当面临变化时,合理的选择不是简单地排斥而是理性接受这种变化,并通过不断调整去适应变化,就会产生很好的效果。绿色成本核算体系的运行对企业的具体影响如下:

一、绿色成本核算对企业财务的影响

（一）绿色成本核算对企业利润水平的影响

成本核算体系的变化改变了公司的产品成本结构，环境支出成本项目的出现使企业产品的生产成本有了一定程度的提高。从企业的利润水平看，短期利润会受到影响但不会对公司的长期利润水平产生实质性影响。有学者（刘爽，2018）以我国重污染行业上市公司为样本，通过实证研究表明：环境成本内部化水平越高的企业，其财务绩效越差；企业的环保投入降低财务绩效这一影响是短期的，不会对财务绩效产生持久性的负向影响。其中的原因如图7-1、图7-2所示。

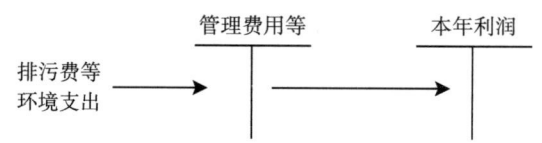

图7-1 传统成本核算体系下的数据流程

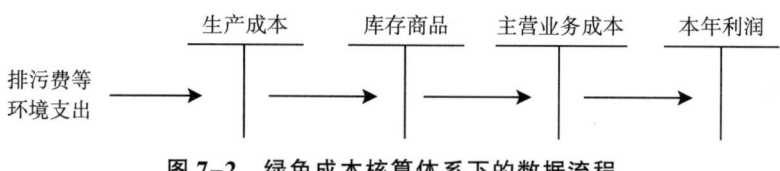

图7-2 绿色成本核算体系下的数据流程

通过图7-1、图7-2可以看出，将排污费等环境成本进行"费用化"的传统处理方式，会直接影响发生当期的经营成果。如果该类支出的金额较大，就会使企业的利润水平发生较大波动，不利于在不同期间进行财务分析；相反，对环境成本采用"成本化"的处理方式则不会对企业的利润水平产生剧烈影响。因为环境成本"成本化"的处理首先影响企业的财务状况而非经营成果，只有当产品销售时才会通过"主营业务成本"项目影响企业经营成果。如果要保持利润水平的相对稳定，企业就应该采用"成本化"的处理方式核算发生的各种环境成本。同时，从长期看，环境成本处理方式的改变还将有助于提高企业参与环境保护的积极性。目前，我国的一些企业并不积极履行环保责任，究其原因，在于履行环境责任会损害企业的经济利益。如果能够有一种途径或方法可以把企业独立承担的环境成本进行"转移"或分担，同时，外部加大对违法违规企业的环保处罚力度，那么就会有效地改变当前的不利局面。同时，环境支出"成本化"的处理方式也会使企业赢得"绿色比较优势"，使企业的产品在市场中更具竞争力，从而让企业的生存与发展具备坚实的基础。

（二）绿色成本核算对企业会计人员的影响

绿色成本核算体系的引入，对企业的会计人员也会产生一定程度的影响。主要表现是：新的核算方式增加了企业财务人员的工作量，工作内容也将发生明显的变化，在实施新核算体系的初期可能会遇到阻力。因此，推行企业应该做好各项准备工作。比如，对会计岗位进行必要的调整、重新划分会计人员的职责、对员工做好培训等，以保证核算体系顺利运行。除此之外，企业还应该通过培训与宣传让广大的会计人员意识到，环境成本纳入企业成本费用的核算范围只是一个时间问题，不是做还是不做的问题，而是早做还是晚做的问题，要从思想意识上认识到这一问题的重要性。此外，企业会计人员还应该认识到，随着人们环保意识的不断增强，对环境信息的需求也会不断增长，对环境成本的核算以及环境信息的披露将成为企业必须面对的实际问题。

（三）绿色成本核算体系对企业报表编制及财务状况、经营成果及现金流量等会计信息的影响

由于绿色成本核算体系将以前"费用化"处理的内容"成本化"，使得公司在编制报表及进行财务分析时都必须要考虑到所带来的影响。以华辉公

司 2013 年 5 月所支付的排污费 20463.56 元为例，在传统的"费用化"处理方式之下，该数据只在利润表的管理费用项目中列示，并不出现在资产负债表中。在绿色成本核算体系之下，由于该数据进入"环境成本"账户，已经分配的数额进入完工产品或在产品之中，从而构成资产负债表"存货"项目的数值，尚未分配完毕的数额以账户余额的形式反映在"环境成本"账户中，根据其实质，也应该列示于"存货"项目当中。由于支付排污费在两种核算体系下都属于现金流量表中经营活动产生的现金流出"支付其他与经营活动有关的现金"项目内容，因此对该报表的填列未产生影响。具体的数据如表 7-1 至表 7-3 所示。

表 7-1 资产负债表（部分）

编制单位：宁夏华辉公司　　　　2013 年 5 月 31 日　　　　　　　　单位：元

资产	传统核算	绿色核算	负债及所有者权益	传统核算	绿色核算
流动资产：			流动负债：		
货币资金			短期借款		
交易性金融资产			应付票据		
应收票据			应付账款		
应收账款净额			预收账款		
预付账款			应付职工薪酬		
应收利息			应交税费		
应收股利			应付利息		
其他应收款			应付股利		
存货		20463.56	其他应付款		
其他流动资产			其他流动负债		
流动资产合计		+20463.56	流动负债合计		

表 7-2　利润表

编制单位：宁夏华辉公司　　　2013 年 5 月　　　　　　　　　　单位：元

项目	传统核算	绿色核算
一、营业收入		
减：营业成本		
营业税金及附加		
销售费用		
管理费用	20463.56	0
财务费用		
资产减值损失		
加：公允价值变动损益		
投资收益		
二、营业利润		
加：营业外收入		
减：营业外支出		
三、利润总额	−20463.56	+20463.56
减：所得税费用		
四、净利润	−20463.56	+20463.56

注：对净利润的影响数额假定不考虑所得税费用因素。

表 7-3　现金流量表（部分）

编制单位：宁夏华辉公司　　　2013 年 5 月　　　　　　　　　　单位：元

项目	传统核算	绿色核算
经营活动产生的现金流量：		
销售商品、提供劳务收到的现金		
收到的税费返还		
收到其他与经营活动有关的现金		
经营活动现金流入小计		
购买商品、接受劳务支付的现金		
支付给职工以及为职工支付的现金		
支付的各项税费		
支付其他与经营活动有关的现金	20463.56	20463.56

137

续表

项目	传统核算	绿色核算
经营活动现金流出小计		
经营活动产生的现金流量净额		

通过报表填列的变化可以看出，采用"成本化"方式处理排污费对企业的财务状况、经营成果均产生了影响。具体来看，由于排污费进入资产负债表"存货"项目，使得企业的流动资产总额增加、资产总额增加，从而在分析企业偿债能力时，流动比率、速动比率均发生增加变化，有助于提升企业偿债能力指标评价，这是一种有利的影响。在传统的"费用化"处理方式之下，排污费直接计入当期管理费用之中，对当期利润产生抵减效果，降低了企业当期的利润水平，而"成本化"的处理方式则对当期利润没有该种不利影响。因此，采用成本化的处理方式在分析企业盈利能力时也将产生有利影响。总之，在绿色成本核算体系下，环境支出的"成本化"处理方式对于企业的财务状况、经营成果均产生了有利的影响，这应该成为促进企业选择该种核算方式的重要理由加以宣传，让更多的企业在发生环境支出时首先选择成本化的处理方式，这种选择不仅有利于企业自身，同时也会对社会的发展与进步产生积极的促进作用。

二、绿色成本核算对公司管理的影响

绿色成本核算体系的引入，也将会对推行公司的管理活动产生影响。由于企业的管理范围涉及诸多方面，基于本书的研究主题，主要探讨绿色成本核算对公司客户管理、管理决策及控制等方面的影响。具体如下：

（一）绿色成本核算对公司客户管理的影响

将环境支出计入企业的产品、劳务成本会使产品、劳务的成本上升，进而会导致产品、劳务的价格升高，在短时间内消费者甚至难以接受，这种情况可能会对公司产品的消费者行为产生抑制效果。也就是说，企业的广大客户对于企业实施环境支出"成本化"处理之后的接受程度如何是需要认真考虑的重要因素。作为企业产品与劳务的直接受益者，消费者承担与产品生产直接相关的支出（包括环境支出）很合理，但由于市场地位的差别迫使企业必须通过各种措施消除这种影响。

首先，企业可以通过各种形式的宣传，让广大消费者树立"绿色消费"的意识。该意识倡导对自然资源的消耗进行必要补偿，把环境成本计入产品成本则是一种重要的体现。同时，已有的研究也表明，企业积极承担环境责任有助于增强消费者对产品的认可。

其次，在产品销售的过程中，要注意对市场的细分，针对不同的客户群体采取有差别的销售策略，尽量减少核算方式变化对企业产品销售的不利影响。可以采用的方法是，对于那些价格敏感的客户，因为产品的价格是其决策的主要因素，可以采取优惠价格进行产品销售；对于那些环境品质敏感或者称为注重环保的消费者，则应该大力宣传企业倡导的环保理念，让该类消费者的内心诉求与企业的产品特点实现很好地对接，从而促进企业的产品销售。

（二）绿色成本核算对公司管理决策的影响

现代企业管理理论认为，管理的中心在经营，经营的中心在决策。因为只有决策正确，企业的生产经营活动才能顺利开展；而错误的决策会使企业的生产经营活动遭遇挫折甚至失败。所谓决策，是指为实现一定的目标，从两个或两个以上的可行方案中选择一个相对满意方案的分析判断过程。在企业的生产经营过程中，经营决策是为了实现预定的经营目标或解决遇到的重大问题，在充分考虑企业内部条件和外部环境的基础上，确定其最终选择的过程。绿色成本核算理念的引入将对宁夏华辉公司一些经营决策产生直接影响。例如，企业的新产品开发决策。如果采用传统的成本核算体系，经核算该新产品在同类市场中具有成本优势，可以获得较高的市场份额与收益；但在加入环境成本后，该产品的成本优势并不明显，其可以带来的收益也并非预期的水平。对于这样的新产品，企业的正确决策应该是理智地放弃。可以看出，由于环境因素的加入将使得企业决策时需要考虑的因素增加，并使得一些决策的结果更加具有不确定性，因而要求企业的管理者具备更高的决策水平。

（三）绿色成本核算对公司管理控制的影响

企业在生产经营过程中，由于受到外部环境和内部条件变化的影响，实际执行结果与预期目标不完全一致的情况经常发生，因此，控制就成为管理过程中一项不可或缺的职能。所谓控制，从其最传统的意义上说，就是按照计划标准衡量所取得的成果并纠正所发生的偏差，以确保计划目标的实现。绿色成本核算的引入，由于扩大了企业成本核算的范围，因而也增加成本管理与控制的内容。传统的成本核算体系主要关注企业生产环节的耗费，主要包括直接材料、直接人工、制造费用等，与其相对应的管理控制也主要以此为管理对象。绿色成本核算不仅包括生产环节发生的各种耗费，同时还包括了对环境损害的补偿，企业管理控制的范围进一步被扩大了。从具体的管理控制过程来说，主要包括以下内容：

第一，要确立标准，即制定控制的计划数。以环境成本为例，在对其进行管理控制时，应根据过去的成本数据制定绿色成本的计划数，为控制提供基本依据。

第二，测量绿色成本的实际值并界定偏差。在一定的会计期间结束后，取得企业绿色成本的实际值，将该实际值与以前的计划数进行对比，并确定该偏差是否属于合理的范围。

第三，分析数据差异产生的原因并采取纠正的措施。运行公司对绿色成本的管理控制也可以此为主要思路进行。对于企业发生的绿色成本首先制定标准，之后对发生的绿色成本进行分析和测量，尤其重要的是，要分析不合理差异产生的原因，并从中发现企业在绿色成本管理过程中可能存在的问题，针对出现的问题采取合理可行的措施消除影响，提高企业的管理水平。当然，由于绿色成本与传统的制造成本存在明显的差异，如确认条件、计量属性的选择、信息披露的方式等，因此在具体的管理控制过程中需要对已有的管理方法与管理程序进行必要的调整，以适应管理控制对象的具体特点，进而提高管理控制的效果。从这个意义上来说，绿色成本的引入将有利于提升企业的决策水平、管理水平，是一种有利的影响因素。

第二节 绿色成本核算体系运行的保障措施

一、外部保障措施

绿色成本核算体系的顺利运行有赖于多种因素的配合与保障。作为重要保障措施之一的外部保障主要为绿色成本核算体系的运行提供基本的外围运行条件，可视其为宏观因素。当然，对绿色成本核算体系的运行能够产生影响的外部因素较多，本书认为，会计制度、税收法规、其他相关法律的制定与实施等是更为重要的因素，因此，外部保障措施也从这几个方面做起，具体的措施如下：

(一) 会计制度的保证

绿色成本核算体系的运行将改变一些业务的处理方式。以企业发生的排污费为例，在绿色成本核算的方式下，如果在发生时无法确定直接的受益对象，则计入发生当期的营业外支出或管理费用账户。如果在发生时就可以确定受益主体，则采用直接计入或者先分配再计入的方式进入受益产品或劳务的成本之中。可以看出，企业环境支出的处理方式由过去单一的"费用化"处理方式变更为既可以"费用化"处理也可以"成本化"处理的双重处理方式并存的状态。这种处理方式上的变化需要相关会计制度规定的认可作为处理依据才可以顺利实施。

（二）税收法规的认可

由于采用绿色成本核算方式进行成本核算还可能影响企业的纳税调整项目，因此税法的认可也是重要的外部条件之一。以企业的环保罚款支出为例，在传统的成本核算体系下，通常是纳税的调增项目。如果企业对其进行了"成本化"处理就不再是纳税的调增项。为了绿色成本核算体系的正常运行，税务部门应该对企业已经"成本化"处理的各项环境支出予以承认，不能再作为调增项目征税。这会鼓励企业记录其环境支出，并主动采取各种措施减少该类支出。所以，良好的外部税收环境有利于提高企业从事环保活动的积极性，也有助于提高社会效益。

（三）完善企业会计准则并构建绿色成本核算体系

目前，企业在日常的会计处理中，把与环境有关的财务影响作为常规的财务会计问题进行处理。如"弃置费用"的处理应遵循《企业会计准则第 4 号——固定资产》的相关规定；"公益性生物资产"的处理应遵循《企业会计准则第 5 号——生物资产》的相关规定；"环境污染整治"的处理应遵循《企业会计准则第 13 号——或有事项》的相关规定等。现存的会计规范并没有一套完整的体系来规范企业的绿色成本核算行为。因此，应在现有会计准则框架的基础上尽快制定环境会计的相关准则以及环境会计处理的标准，为企业日常的环境事项处理提供参考依据，结束一些想要进行环境事项会计核算却无据可依的尴尬局面。具体来说，主要包括账户的设置、账户的具体使用举例、环境成本的确认标准、计量方法、环境成本的归集与分配、环境成本信息的披露模式等。从企业会计实践看，环境成本的计量是一个较难处理的环节，在准则的制定过程中要尽可能提供较为详尽的技术指导，帮助企业尽快建立科学、规范和合理的环境成本核算体系。

(四) 社会公众环保意识的觉醒与提高

绿色成本核算体系的顺利运行仅仅依靠法律法规、准则制度的约束是远远不够的，外部监督力量的不断增强也是重要的因素。在这些外部监督力量中，媒体的力量是非常重要的。媒体作为社会舆论的主要力量，有效缓解了投资者和企业之间的信息不对称关系，发挥着规范企业行为的监督作用。因此，在当前媒体自由的时代，应充分发挥媒体作用，公正、客观地披露企业的环保行为，使企业主动承担社会责任，履行社会义务。当前，一些社会公众的环保意识已经觉醒，他们不断关注企业生产行为对环境的影响，并且在选择消费品时更加愿意考虑"绿色产品"，在这些公众的带动下，越来越多的社会公众开始加入"绿色消费"的行列。人们对一些环保公益诉讼持续关注，民间自发组织的环保组织自觉加入对环境的保护行动中，这必然会对企业的环境损害行为形成不间断的监督，从而很好地约束了企业的环境损害行为。

(五) 其他相关政策的扶持

除了会计制度、税收法规的影响以外，企业行为还要受到其他政策的影响，尤其是各级政府的经济政策。例如，在一个特定时期内，政府大力扶持环保型企业的发展或鼓励企业提高环境效益，此时，企业推行体现环保效果与环境效益的绿色成本核算将会十分有利。再如，政府为了鼓励企业积极从事环保活动，会有财政资金的投入或政策导向，如对于企业的环保型银行贷款政府进行担保，这都会对企业的绿色成本核算产生积极的促进作用。另外，从2018年开始施行的《环境保护税法》将过去征收的排污费作为环境保护税予以征收，提升了法规的效力等级，从而对企业的环境行为产生较大压力。当然，伴随国家发展方式的改变，对环境的关注将会更加强化，这会成为企业进行绿色成本核算的有利因素和重要保障。

有学者研究发现，企业所属地区环境质量越差，企业环境成本内部化的可能性越小，程度越低；企业面临的监管压力越大，企业环境成本内部化的可能性越大，程度越高；企业环境成本内部化与财务绩效或企业价值并未呈现显著正相关关系。研究表明，企业的环境成本内部化行为是出于合规性的目的而非经济利益的驱动（吉利、苏朦，2016）。当然，政府在倡导企业加强环境保护时应根据该行业的具体特点进行有差别的引导。比如，对市场容量较小、绿色度较低的行业，可以采用宣传绿色理念、制定生态标准为主的方式进行，引导这些企业采取生态成本控制策略。而对那些市场容量大、绿色度较高的行业，则可以采取发放绿色补贴、收取排污费、制定绿色标准等手段要求这些企业控制发生的环境成本。

二、企业内部的保障措施

与外部保障措施不同，内部的保障措施主要来自企业自身的各种条件，是一种微观的保障条件。由于企业之间存在差异，因此，企业在实施保障措施时一定要结合企业的具体情况进行。尽管在具体的内部保障措施方面没有一个统一的标准，但以下几个方面对各种企业都会产生不同程度的影响：

（一）企业内部制度的保障

企业制度是企业全体成员都必须遵守的行为准则，它通常以各种章程、守则、条例、标准等形式出现，是企业健康运行的重要保证。因此，为了保证绿色核算理念在不同公司的顺利实施，应该在相应的企业制度中予以体现，尤其是企业的财务制度，应当有具体的条款来规范和保障企业绿色核算（主要包括确认条件、计量属性的选择、如何记录和披露等）的具体操作过程。从而通过企业制度的约束力保证绿色成本核算的顺利开展。

(二) 企业文化的认可

企业文化在一定程度上代表了一个企业的价值取向、企业的经营理念、管理的风格以及企业传递给员工的行为准则。企业文化是企业的灵魂和内核，企业文化可以通过影响企业管理者及员工的价值观及行为方式，最终影响到企业的绩效，使企业获得可持续性的竞争优势。首先，企业文化是一种无形资产，它代表了企业的精神追求，也决定着企业能否以一致的愿景去激励员工，企业文化的价值认同可以激励员工积极工作，从而提升企业的生产效率。其次，企业文化也体现了企业的管理制度与行为准则，影响着员工参与管理的意愿，员工参与可以更好地调动其工作积极性，也有助于提升企业竞争力。

企业文化如何为企业创造价值？有学者（白福萍、陈刚，2018）研究认为：其机理与路径是，"从企业内部而言，企业文化是人力资本发挥作用的'润滑剂'，既能协调员工行为，减少内部交易成本；也能提高凝聚力与忠诚度，提高劳动生产率；还能影响资源配置结构及效率，增加企业价值。从企业外部而言，企业文化可以向外界展示企业形象，提高市场占有率；能与供应商、经销商等外部利益相关者建立信任，形成良好的合作关系"。

可以看出，企业文化是一种无形的驱动力，它可以通过柔性的引导使企业的成员自动调节其心理与行为，并内化为一种自觉行为，进而使个人发展目标与企业发展目标相一致，对企业的发展产生积极的推动力。已经有越来越多的企业意识到建设企业特殊文化的重要性，采取各种方法与措施着力打造良好的企业文化，并从企业文化的驱动中获得良好的经济效益。因此，华辉公司也应该积极营造一种"绿色文化"的氛围，让"绿色生产""绿色经营"等绿色理念深入人心，并使其成为一种行为上的自觉，进而为绿色成本核算体系的顺利运行奠定基础。当然，企业文化的建设是一个长期且漫长的过程，在短期之内想取得明显的成效是很难实现的，这就需要企业首先在思想上要做好长期坚持绿色理念的准备，同时对短期内没有产生明显的效果做好准备，切忌因效果不明显半途而废。

（三）企业的发展战略

发展战略是企业对未来较长时期所做的一种规划，它将影响企业的长期发展方向。一个没有长期发展战略的企业要想获得成功是非常困难的。试想，如果企业以"绿色经营"为未来的主要经营战略，在具体的实施过程中必将考虑各个方面的绿色化问题，会计核算的绿色化自然成为重要的组成部分，这对于绿色成本核算体系的顺利实施必将产生积极的促进作用。因此，为了保证绿色成本核算在公司的顺利开展，一个必要条件是要让"绿色核算"成为企业发展战略当中的重要组成部分，这样就可以在未来较长的时间内引领企业进行绿色生产、绿色核算。

（四）做好绿色成本核算的基础工作

对于成本核算而言，成本信息质量的高低与成本核算基础工作的好坏存在着密切关系。尤其是要采取切实可行的措施保证原始数据的真实可靠。通常，成本核算的基础工作主要包括：制定合理的原始单据传递流程；定额的制定与修订工作；材料物资的计量、收发、领退和盘点等。成本核算的过程主要包括两个环节：归集与分配。归集环节主要在日常的处理，主要内容为成本数据的记录与汇总，为成本的期末分配提供具体对象。分配环节主要在期末进行，其任务是将本期归集的各种成本数据按照不同的分配标准计入各种受益主体。二者相辅相成，缺一不可。只有归集的成本数据真实可靠，并且在分配过程中选择了合理的分配标准，才能保证分配结果的客观合理。因此，对每家公司而言，为了保证绿色成本核算的数据客观真实，首先就要做好成本核算的基础工作，比如生产工时的统计、产量的统计等，保证收集的各种原始数据真实可靠，为成本数据的客观真实奠定坚实的基础。基于此，推行公司应该以实施绿色成本核算体系为契机，对企业成本核算所涉及的所有基础活动进行详细的检查，对于发现的问题积极提出整改措施，不断优化企业成本核算的基础工作，这既有利于提高企业成本核算基础工作的水平，同时也有助于绿色成本核算体系的推行。

(五) 提高会计人员的环境意识

会计人员除了要掌握好会计方面的知识之外，还必须提升环保意识，改变过去以牺牲环境提高企业微观经济利益的狭隘经济利益观。伴随《环保法》的深入推行，消费者"绿色消费"理念的更加强化，企业必然会担负日益增加的环境责任，需要在财务报告中披露更加详细的环境信息，因为企业的利益相关者会更加关注企业的环境绩效。作为企业会计信息的主要加工者，财务人员要不断学习有关的环保知识，以满足未来企业发展的需要。

除此之外，企业的经营方向、管理者的管理理念等也会对绿色成本核算体系的运行产生直接或间接的影响。这就需要相关企业的管理者采取各种措施消除不利影响，激励积极行为，从而帮助绿色成本核算体系的顺利运行，进而为企业的长期发展奠定"绿色基础"。

三、对运行绿色成本核算体系企业的其他建议

为了保证绿色成本核算体系的顺利进行，除了上述外部保障措施与内部保障措施以外，注意以下问题：

第一，在产品成本项目的设置上，公司应考虑反倾销应诉的需要。以华辉公司为例，由于华辉公司产品的特殊性，在今后很长一段时间内都将面对消费国倾销的指控。当然，许多倾销指控并不是经济意义上的原因而更多属于政治因素。但作为企业应该从自身做起，从而降低被指控的可能性。尤其是要按照国际上通行的标准构建产品的成本结构体系，为将来的反倾销应诉做好必要的准备。如前所述，目前国际上通行的做法是环境成本或支出已经成为产品成本的重要组成部分，一些国家的产品成本中还包含了研发费用，

如果华辉公司在成本项目中缺少这样的成本项目，在未来面临倾销诉讼时就有可能因为成本结构的不完整而遭遇低价倾销的指控，并且处于非常不利的境地。相反，如果在事前按照国际通行的做法将产品成本结构完整化，即使在将来面临倾销的指控，企业也可以处于相对有利的地位，从而增加胜诉的可能性。

第二，为了保证成本数据的真实可靠，公司在一些部门的属性划分上需进行适当调整。如华辉公司将供应部、综合办公室归入生产单位，并将其发生的费用计入制造费用。这种部门的划分是存在问题的。按照制造费用的内涵，只有企业的生产单位（包括车间、分厂、班组等）为了组织和管理生产而发生的各项费用，具体包括：车间管理、技术人员的工资及福利费、折旧费、办公费、水电费、机物料消耗、劳动保护费、季节性和修理期间的停工损失等才可以计入当期的制造费用之中，在月末经过分配之后进入产品的成本之中。它是产品成本的重要组成部分。但由于供应部与综合办公室并未直接参与产品的生产过程，将其划分为生产单位略显不妥，该部门产生的费用最后成为产品成本的一部分缺乏理论上的依据，计入的结果是提高了产品的成本。供应部、综合办公室较为合理的划分应该是辅助生产部门或者经营管理部门。因此，供应部、综合办公室发生的各项费用最后的归属应当是辅助生产费用或管理费用。

第三，加强人员培训的力度，提升企业财务人员素养。企业推行绿色成本核算，一个重要的条件就是要有相关的合格执行者，而这一执行者中的重要构成就是企业的财务人员。如前所述，绿色成本核算不同于传统的成本核算，它对于财务人员的要求较高，必须要具备与之相适应的各种能力，比如更高的职业判断能力、更强的业务处理能力等。提高财务人员的专业素养通常有两种方式，一种是个人的自我学习与提高，另一种是通过定期或不定期的专业培训来实现。从实际状况来看，由于受到多重因素的影响，第一种提高方式的效果并不理想。因此，对企业来说，如果要在较短的时间内提升财务人员素养，可行的方式就是加大人员的培训力度。这种培训可以是定期的，也可以是不定期的，只要需要随时就可以进行。培训的内容应该包括理念上的更新、业务能力的提高等各个方面，从而使绿色核算在企业可以顺利推行。

第四，建立必要的激励机制。一般来说，所谓激励"就是激发人的动机，使人有一股内在的动力，朝着所期望的目标前进的心理活动过程。"激励的实质是通过影响人们的需要或动机达到引导人的行为目的，实际上是一种通过各种手段对人的特定行为的强化过程。其目的是调动组织成员工作的积极性，激发成员工作的主动性和创造性，以提高组织的效率，而这一目标的实现则需要激励机制的建立与运行。对华辉公司来说，要想推行绿色成本核算，首先，要让企业的员工尤其是财务人员的个人需要与企业的需要协调统一。要让企业的员工意识到进行绿色生产与成本核算不仅让企业得利，职工个人也将从中得利，双方是利益的共同体。其次，要为企业成员提供行动的条件。例如，企业要事先为广大财务人员的绿色成本核算工作做好基础设计，将不同部门与岗位进行协调，在核算过程中出现问题与矛盾时进行及时的沟通与指导等，这样为财务人员实现绿色成本核算的目标提供良好的条件，从而提高工作的积极性，获取工作业绩。最后，对于在工作中积极践行绿色理念的部门与员工，企业要进行及时的奖励，并使其成为全体部门与员工学习的榜样，从而产生引领与示范效应，为绿色成本核算产生积极的促进作用。同时，对于不能认真履行绿色生产与核算的部门与个人也需要进行必要的惩戒，形成一种奖优罚劣的氛围，为企业绿色核算目标的实现奠定坚实的制度基础。

接受绿色发展理念，主动进行绿色成本核算从表面看是出于外部的压力，实际却是企业主动适应外部经营环境变化的一种理性选择，将会为企业的发展注入新的发展动力。因为这种行为表明一个企业正不断增强其社会责任，顺应时代的潮流，而非逆时代潮流。因此，各类公司要积极营造良好的内部环境，充分利用有利的外部环境，尽快让绿色成本核算体系成为企业会计核算体系的重要组成部分，为今后社会责任信息、环境信息的披露奠定基础。

第八章
研究结论及主要局限

第一节 主要研究结论

本书的研究结果表明,通过绿色成本核算体系处理企业的环境事项,将彻底改变环境成本的处理方式。传统的处理方式是以"费用化"为主,新的的处理方式是以"成本化"为主。这种处理方式上的变化所体现的不仅仅是一种会计处理的变更,还有更深层次的内涵与意义,比如,核算指导理念的变更、会计核算关注点的丰富等。总体来说,本书的主要结论包括以下几个方面:

第一,企业环境成本"内部化"的处理方式体现了一种新型的生产理念,该理念倡导人与自然环境之间合理的物质交换,摒弃了长期以来一味向自然界无偿索取的错误理念。也表明企业开始采取具体的会计活动与方式来弥补生产经营活动中所消耗的自然资源,是对自然界的合理反哺,因此是一种正确的生产理念。

第二,由于企业环境成本"内部化"的处理方式符合"谁受益,谁负担"的成本核算原则,因此,通过该种方法核算出来的产品、劳务成本更加科学、合理，有利于确定企业产品与劳务的实际消耗，提高企业的成本决策水平，同时也为自然资源、环境状况的改善提供资金来源。

第三，绿色成本核算体系的顺利运行需要外部环境与企业内部条件的协调与保障。作为营造外部环境的政府有关机构或部门，要积极推行绿色理念，并通过切实可行的措施与方法服务企业的绿色行为。作为实际执行绿色核算的企业则需要从自身做起，从最基础的工作开始，为绿色成本核算的顺利进行奠定基础。

第四，随着时间的推移，"绿色生产"必将成为主流的生产理念。这一生产理念将会影响企业的生产经营等各种活动，甚至可以说"倡绿色者得未来"也不为过。为了谋求未来的竞争优势，企业必须从现在开始调整自身与这种要求不一致的各个方面，争取在最短的时间内调整完毕以赢得先机。可行的做法是，以企业的成本核算为起点，逐步扩展到全部的会计核算过程，再由会计核算过程逐步扩展到企业的其他各个方面，这才是明智之举。

第五，以煤炭、造纸业为代表的高污染企业，在今后的发展过程中，"清洁生产"是必由之路。在生产转型的过程中，除了在技术手段方面的更新之外，产品的成本核算系统更新也是重要的内容。这是对企业生产设备更新的回应，也是设备更新的必然要求。采用绿色成本核算体系进行核算，不仅可以提高产品成本的准确性、科学性，进而提高企业产品决策的决策水平，而且有助于企业树立"绿色企业、绿色产品"的良好形象，提高企业未来的市场竞争力，为企业长期获利与发展奠定坚实的基础。

第六，从2011年起，国家陆续发布了《企业产品成本核算制度（试行）》《企业产品成本核算制度——煤炭行业》《企业产品成本核算制度——钢铁行业》等规范，为企业的产品成本核算提供了重要的依据。但在这些规范中都没有涉及环境成本的核算内容，希望在未来的修订过程中可以将缺失的内容进行补充，从而更好地对企业成本核算进行指导。

第二节 研究局限

尽管在研究的过程中，力图通过各种途径取得研究所需的数据与资料，但遗憾的是并没有如愿。当然，也限于作者本身的能力有限，在本书中存在以下主要局限：

第一，在选择应用企业的过程中，分别对活性炭生产企业、造纸企业、煤炭企业进行了环境成本的绿色核算，但限于企业数据获取的不完整原因，在具体的应用过程中并未展示出绿色成本核算体系的全部内容，这是本书最明显的不足之处。

第二，研究最初所设定的目标是：将企业实际的核算结果与本书的绿色核算结果进行详细对比，从而说明绿色成本核算的优越性。但因为无法获取企业的核算资料而无法进行对比，只是呈现了绿色核算的过程与结果。这是本书的缺憾之一。

第三，绿色成本核算体系与现行会计核算体系如何实现完全对接、理论依据的确定等问题，在研究中也没有进行详细的探究，从而使本书的理论支撑明显不足。

第四，高污染、高耗能企业是实施绿色转型的主要对象，在本书中尽管涉及造纸企业、煤炭企业，但钢铁、水泥等企业并未纳入应用企业的范围。这也在很大程度上降低了绿色成本核算体系的应用效果。

当然，除了以上所列示的研究局限之外，还存在很多研究漏洞与不足，这些问题都值得在未来的研究中进行继续探索与完善。

第三节 结束语

2014年底召开的中央经济工作会议中提出,要加大环境治理和保护生态的工作力度、投资力度、政策力度,加强区域联防联控,加强源头治理,把大气污染治理措施真正落到实处。从中可以看出,企业环境成本的上升已经成为一种必然的趋势。面对不断上升的环境成本,企业必须采取实际的行动来应对,其中,先将其纳入会计核算系统是重要的一步。如果说"绿水青山就是金山银山",那么,绿色成本核算体系就是计算绿水青山"含金量"与"含银量"的重要手段。

同时,"绿色消费"的理念已经被社会公众认可并逐渐深入人心,这将会影响社会与经济活动的各个方面。企业是各种最终产品与劳务的供给方,就必须适应消费者的这种变化,积极采取各种方法与措施实现"绿色生产",从而满足广大消费者的"绿色消费"需求,这样才有可能在未来的竞争中处于优势的市场地位。可以说,当消费者的"绿色消费"需求与企业的"绿色生产"供给达到均衡时,社会的发展就将步入一条良性的发展道路,这不仅是社会的文明与进步,同时也会给人类的发展带来新的局面。正如主张环境保护的企业家保罗·霍肯(2001)在其所著的《商业生态学可持续发展的宣言》中所说:"我确信我们是生态问题的一部分,而生态问题又是一个非常巨大的问题,工商业必须起带头作用,站在环境保护的最前沿,把地球从这个深渊边引开。"

附　录

附录一　国营工业企业成本核算办法

为了加强工业企业的成本核算工作,根据《中华人民共和国会计法》和《国营企业成本管理条例》的有关规定,制定本办法。

一、成本核算的任务和要求

(一) 企业成本核算的基本任务是:执行国家有关成本开支范围、费用开支标准和企业成本计划,核算生产经营过程中所发生的各项费用,计算产品的生产成本和销售成本,提供成本报告和有关资料,促进企业改善经营管理,降低成本,提高经济效益。

(二) 企业必须加强成本核算的各项基础工作。建立原材料、在产品、半成品和产成品等各项财产物资的收发、领退、转移、报废、清查盘点制度;健全与成本核算有关的各项原始记录;制定或修订材料、工时、费用的各项定额以及原材料、半成品、产成品、内部劳务供应的厂内计划价格;完善各种计量检测设施,严格计量检验制度,使成本核算具有可靠的基础。

（三）企业必须按月计算产品生产成本，月度为每月一日至当月月末。计入当月成本的材料消耗、费用开支与产品产量，起讫日期必须一致，不得提前或延后。

（四）企业必须根据计算期内完工验收入库的产品数量、实际消耗和实际价格，计算产品的实际成本，不得以估计成本或计划成本代替实际成本。

（五）企业应当按照权责发生制的原则计算成本。凡是本期成本应负担的费用，不论款项是否支付，均应计入本期成本；凡是不属于本期成本负担的费用，即使款项已经支付，也不应计入本期成本。

（六）企业成本核算必须划清本期成本与下期成本的界限，在产品成本与产成品成本的界限，可比产品成本与不可比产品成本的界限。

（七）企业对生产和经营过程中所发生的各项费用，必须设置必要的生产费用账册，以审核无误、手续齐备的原始凭证为依据，按照成本核算对象、成本项目、费用项目和车间、部门进行核算，做到真实、准确、完整、及时。

（八）企业成本核算中的各种处理方法，包括材料的计价、价差的调整、费用的分配、完工产品和在产品的成本计算以及销售产品成本的计算等，前后各期必须一致，不得任意变更。如需变更，要报经主管部门批准，并将变更的原因及其对成本和财务状况的影响，在当期的会计报告中加以说明。

（九）企业应当根据产品生产过程的特点、生产组织的类型、产品种类的繁简和成本管理的要求，确定产品成本的计算方法。需要在行业内部统一产品成本计算方法的，由主管部门加以规定。

二、成本核算对象和成本项目

（一）企业要根据生产特点和成本管理的要求，确定成本核算对象，汇集生产费用，计算产品的生产成本，包括总成本和单位成本。

生产一种或几种产品的，以产品品种为成本核算对象。

分批、单件生产的产品，以每批或每件产品为成本核算对象。

多步骤连续加工的产品，以每种产品及各生产步骤为成本核算对象。

产品规格繁多的，可将产品结构、耗用原材料和工艺过程基本相同的各种产品，适当合并作为成本核算对象。

（二）企业计算产品生产成本，一般应当设置原材料、燃料和动力、工资及福利费、车间经费、企业管理费五个成本项目。

原材料：包括构成产品实体的原料、主要材料以及有助于产品形成的辅助材料。

燃料和动力：包括直接用于产品生产的外购和自制的燃料和动力。

工资及福利费：包括直接参加产品生产的工人工资以及按规定计算提取的职工福利费。按规定计入成本的原材料和燃料节约奖，也包括在本项目内。

车间经费：包括生产车间为管理和组织本车间生产所发生的各项费用。

企业管理费：包括厂部为管理和组织全厂生产所发生的各项费用。

企业根据本单位的具体情况，经主管部门批准，可以对上列成本项目作适当分设或合并。小型企业可以只设"材料""工资"和"费用"三个成本项目。电力和采掘采伐企业的成本项目，可以按生产费用性质分类设置。

企业生产产品所耗用的自制半成品的成本，在计算产品成本时，是否需要按成本项目进行还原，以及还原到哪个生产步骤，由主管部门统一规定。

三、生产费用的汇集和分配

（一）企业生产经营过程中实际消耗的外购材料（包括原料及主要材料、辅助材料、燃料、备品备件、外购半成品、包装物、低值易耗品等）的成本，包括买价、运杂费、运输途中的合理损耗和入库前的整理挑选费用等。

进口材料还应包括关税、工商统一税和其他有关费用。

自制材料的成本，包括制造过程中所消耗的材料、工资和其他费用，不负担企业管理费。

委托外部加工材料的成本，包括加工耗用材料的实际成本、往返运杂费和加工费用。

（二）企业直接用于产品生产的原料及主要材料、辅助材料和燃料，应当分别计入"原材料""燃料和动力"成本项目。能够确定由某一成本核算对象负担的，应当直接计入该成本核算对象；由几个成本核算对象共同负担的，应当按照合理的分配标准，在有关的成本核算对象之间进行分配。一般消耗性的材料，应当按照领用材料的车间或部门，根据材料的用途，计入"车间经费"和"企业管理费"的有关项目。

（三）企业采用计划成本进行材料日常核算的，月终必须将耗用材料的计划成本调整为实际成本。材料的实际成本与计划成本的差异，应当按照材料类别或品种进行核算，不能使用一个综合差异率。材料的类别由企业根据本单位的具体情况和加强管理的要求自行确定，材料成本差异必须按月分摊，不得在季末或年末一次计算。耗用材料应负担的成本差异，除委托外部加工发出材料可按上月的差异率计算外，都应使用当月的实际差异率。

采用实际成本进行材料日常核算的，耗用材料实际成本的计算方法，可以在"先进先出法""加权平均法""移动平均法""分批实际法"中选定一种。

（四）车间储备的材料应当作为企业库存材料的移库处理，不得计入生产费用。车间剩余不用的材料，要退回仓库；留待下月继续使用的材料，要办理"假退料"手续。

生产中回收的下脚废料，一般应当按照可以利用的价值，或者按照可以销售的价值扣除预计的收集整理费用和销售税金后的净额计价，从有关产品的材料费用中扣除。

（五）企业的动力费用，应当根据计量仪表记录的实际耗用数量进行分配。暂时没有计量仪表的，应由动力部门或有关部门确定合理的分配标准，作为分配动力费用的依据。

自制动力的费用应当通过辅助生产核算；外购电力经过本企业变电部门改变电压的，其费用也应通过辅助生产核算，再按用电的车间和部门进行分配。

生产工艺过程直接耗用的动力费用，应当计入"燃料和动力"成本项目。凡能直接计入成本核算对象的，应当直接计入；不能直接计入的，应当按照合理的比例分配计入。照明通风用电、取暖用蒸汽的费用，应当计入"车间经费"的"企业管理费"的有关项目。

（六）企业按照国家规定计入成本的工资，应当根据手续完备的工资计算单（表）等有关资料进行汇集。计入成本的职工福利费，应当按照国家规定的工资总额和提取比例计算。

企业直接从事产品生产的生产工人工资和职工福利费，应当按照成本核算对象，计入"工资及福利费"项目。计件工资应按规定直接计入有关的成本核算对象；计时工资应按实际工时或定额工时进行分配，分别计入有关的成本核算对象。职工福利费应比照工资的分配比例进行分配。

车间和企业管理部门的管理干部以及不直接参加产品生产的工人工资和提取的职工福利费，应当按照车间或部门，直接计入"车间经费"和"企业管理费"的有关项目。

（七）企业计入成本的固定资产折旧费，应当根据《国营企业固定资产折旧试行条例》的规定，按月提取，并按照固定资产的使用车间和部门，分别计入"车间经费"和"企业管理费"的有关项目。

固定资产的修理费用，要严格分清大修理费用与经常性的中小修理费用。固定资产的大修理，按照核定的大修理基金提取率按月提取大修理基金，计入"车间经费"和"企业管理费"的有关项目。实际发生大修理费用，在提取的大修理基金中开支。实际发生的中小修理费用，一次或分次计入"车间经费"和"企业管理费"的有关项目。

（八）企业领用的低值易耗品，应当按照规定的摊销方法，一次或分次计入"车间经费"和"企业管理费"的有关项目。低值易耗品报废时的残值和应向过失人收回的赔偿款，应当从当月的摊销数额中扣除。

（九）企业对于一次支付、分期摊销的费用，应当在费用支出时，列作待摊费用，并分别费用项目，按受益期限确定分摊额，分月摊入产品生产成本，不得多摊、少摊或不摊。分摊期限一般不得超过两年。

对于应由本月成本负担而在以后月份支付的费用，应当在本月提取时，列作预提费用，并分别费用项目计入本月的产品生产成本，不得多提、少提或不提。预提费用与实际发生数差异较大时，应及时调整提取标准。多提数额，一般应在年终冲减成本，不得保留余额。因特殊情况必须保留余额的，应在会计报表和财务情况说明书中加以说明，并由主管部门审查批准。

待摊费用和预提费用的项目内容，要按照规定加强管理。一切不属于待摊费用和预提费用范围的支出，不得作为待摊费用或预提费用处理。

待摊费用和预提费用的一般内容规定如下：

（1）新建、扩建企业或车间一次大量领用的低值易耗品；

（2）数额较大的固定资产的中小修理费用；

（3）一次支付的固定资产租金和租入固定资产的大修理费用；

（4）企业自行安排试制的新产品所发生的新产品/试制费，以及按照规定可以计入成本的测试手段和试制用关键设备的购置等费用；

（5）按规定应分期计入产品生产成本的技术转让费，包括许可证费、专利费、设计费，以及为制造引进产品而支付的职工技术培训费用（包括职工出国培训和请外国专家来厂培训的费用）；

（6）企业在生产经营活动中支付的数额较大的契约、合同公证费、科学技术和经营管理咨询费；

（7）由企业开支的数额较大的技术改进、合理化建议奖金；

（8）一次支付的财产保险费；

（9）提前报废的固定资产，按照规定补提的数额较大的折旧；

（10）按季支付的流动资金借款利息支出；

（11）季节性生产企业停工期间的费用；

（12）其他经过主管部门批准的待摊费用和预提费用。

（十）企业辅助生产车间的生产费用，包括本车间直接发生的材料、工资和其他费用，以及其他辅助生产部门转入的费用，应当按照不同的辅助生产车间及其所提供的产品、劳务、作业的种类和成本项目进行汇集和分配。

辅助生产车间的车间经费，数额较大的，应当单独汇集；数额较小的，可以直接计入辅助生产的有关项目。

辅助生产车间为基本生产车间和管理部门提供的产品、劳务和作业，不负担企业管理费，但对外单位、本企业建设单位、专项工程和福利事业单位提供的产品、劳务和作业，均应负担企业管理费。

（十一）辅助生产车间的劳务、作业成本，应当根据各该车间提供的劳务、作业量分配给受益单位。

辅助生产车间互相提供的劳务、作业成本，应当采用合理的方法，进行交互分配。互相提供劳务、作业不多的，可以不进行交互分配，所发生的费用，直接分配给辅助生产车间以外的受益单位。

辅助生产车间为提供劳务而发生的费用（包括其他辅助生产车间分配来的费用），除去已分配给其他辅助生产车间的部分外，应当全数分配给基本生产车间和管理部门，一般不得留待下月分配。

工具车间、机修车间制造的工、卡、模具和修理用备件等，应当比照基本生产车间生产的产品进行成本核算。

（十二）车间经费和企业管理费，应当按照车间、部门和规定的费用项目进行汇集。应由某一成本核算对象单独负担的某项车间经费，应当直接计入。应由各个成本核算对象共同负担的车间经费和企业管理费，可以采取合理的分配方法和标准（如生产工人工资，生产工人工时，机器工时，耗用原材料的成本、料工成本、产品产量等），在各成本核算对象之间进行分配。

（十三）企业各月发生的车间经费和企业管理费，除季节性生产企业外，应当在当月全部分配完毕。季节性生产企业应当按照全年商品产品的计划产量同全年停工月份车间经费和企业管理费计划数的比例，确定费用的计划分配率，根据费用分配率和开工月份的实际产量，计算开工月份应负担停工月份的车间经费和企业管理费，连同开工月份实际发生的车间经费和企业管理费，一并计入产品的生产成本。年度终了，全年停工月份车间经费和企业管理费的实际发生数（不包括应由大修理基金负担的固定资产大修理费）与分配数的差额，除了为明年开工生产作准备的留待明年分配外，其余应当调整当年的产品生产成本。

四、在产品成本和产成品成本

（一）企业的生产车间一般应设置在产品实物台账，记录各种在产品的投料数量、各个阶段及工序中在产品的加工数量、完工数量、转出数量和结存数量。

企业的在产品，有实物台账记录的，可以按季盘点；没有实物台账记录的，必须每月盘点，以确定在产品实存数量。对在产品的盘盈、盘亏，应当按照规定报经批准后，分别计入"车间经费"的有关项目。

企业生产车间的中间半成品库和独立的半成品库，应当设置半成品的实物数量卡片，记录半成品的收入、发出和结存数量，并在年度内定期与实物数量进行核对盘点,以确定半成品的实存数量。对半成品的盘盈、盘亏,应当按规定报经批准后分别计入"车间经费"和"企业管理费"的有关项目。

企业对已完工的产品(包括工业性作业),应当及时办理检验、入库手续,产成品的账面结存数量,必须在年度内定期与实物进行核对盘点。对产成品的盘盈、盘亏,应当按规定报经批准后计入"企业管理费"的有关项目。

(二)企业应当根据在产品实际结存数量,以及完工验收入库的产成品数量,计算在产品和产成品的成本。

在产品数量较多而且各月之间很不稳定的,月末应按照在产品的完工程度折合为约当产量,再根据约当产量与完工产量的比例,计算在产品和完工产品的成本。

定额管理比较健全的企业,可以根据在产品的结存数量和各项消耗定额,计算在产品成本,再根据全部实际成本扣除在产品成本,计算产成品成本;或者按照在产品和产成品的全部定额成本与其全部实际成本的比例,计算在产品和产成品的成本。

按批投产、分次完成的产成品,月末计算成本时,产成品的成本,可暂按定额成本或同种产品最近一期的实际成本计算;该批产品的总成本减去产成品成本,即为在产品成本。全部产品完工后,再计算全部产品的实际成本。

在产品数量很少或期初期末在产品数量基本相等的,可以不计算在产品成本。当期发生的生产费用,全部作为产成品的成本。

(三)各种联产品,应当视同同类产品,计算其分离时的实际成本;分离后继续加工的,其成本应当包括分离时的实际成本和加工费用。有副产品的企业,应将各种副产品的价值从总成本的原材料费用中扣除,价值较大的,也可从各个成本项目中比例扣除或单项综合扣除。扣除的副产品价值,一般应当根据副产品的出厂价格扣除整理费用和税金以后的净额确定。需要继续加工的副产品，按照上述副产品的价值加上加工费用，即为加工后副产品的实际成本。不对外销售和本企业不能综合利用的副产品，不应单独作价冲减产品的实际成本。

企业在同一生产过程中生产出同品种不同等级的产品，其单位成本应当相同，未经主管部门批准，不得采用某种分配方法，为各种等级产品确定不同的单位成本。

五、产品的销售成本

（一）产品的销售成本，包括销售产品的生产成本、销售费用，以及按照规定计入产品销售成本的其他费用。

（二）产品销售成本的结转必须以销售收入的实现为依据。产品销售成本的计算口径必须与销售收入的计算口径相一致，不能只计算销售收入不计算销售成本，或者只计算销售成本不计算销售收入。

（三）销售产品的生产成本，必须按照规定的方法进行计算。采用实际成本进行产成品明细核算的企业，对于销售产品的生产成本，可以在"分批实际法""先进先出法"或"加权平均法"中选定一种。采用计划成本进行产成品明细核算的企业，实际成本与计划成本的差异及其差异分配率，一般应按产品品种分别计算；如果产品品种繁多，也可按产品类别计算。销售产品应负担的成本差异，必须按当月的实际差异率计算。

（四）销售费用，是指企业在销售过程中为销售产品所发生的各种费用。其内容一般规定如下：

包装费：包括产品入库以后进行包装所耗用的包装材料、工资及其他包装费用，不包括产品入库前在生产过程中耗用并已计入产品生产成本的包装材料费用。

运输费：包括产品在销售过程中发生的运输装卸费用。

广告宣传费：包括企业为推销产品或者提供劳务、服务，利用各种宣传工具刊登、播放广告，或者在公共场所设置、张贴广告所发生的费用。

展览费用：包括企业参加各地区、各部门举办产品展览会所发生的展品包装、运输等费用。

门市部经费：包括为销售本企业产品而专设的非独立核算的销售门市部的经常费用，如门市部职工的工资及福利费、办公费、差旅费等，企业主管销售业务的职能科室的经常性费用，应计入企业管理费，不包括在销售费用之内。

企业实际发生的销售费用，应全部由当月销售的产品负担，可以直接归属某种销售产品负担的销售费用，应直接计入；需要把各种产品之间分配的销售费用，可按照生产成本的比例进行分配。

六、成本核算的组织

（一）企业应当根据成本管理和内部经济责任制的要求，建立相应的成本核算组织体系，加强成本核算工作的领导，配备必要的成本核算人员，认真开展成本核算工作，并实行成本核算责任制。

（二）大中型企业一般都要实行厂部和车间两级成本核算。小型企业以及内部经济责任制不要求单独考核车间成本的企业，可以实行厂部一级成本核算。

实行两级成本核算的企业，车间要根据厂部分解下达的成本指标，结合生产过程的特点和经济责任制的要求，核算车间成本。

实行厂部一级成本核算的企业，车间必须为厂部集中核算产品成本，按时提供成本核算的原始资料；同时，车间还要按照内部经济责任制的要求，根据厂部下达的有关考核指标，核算本车间有关的材料、工时和费用。

附录二 企业产品成本核算制度（试行）

第一章 总则

第一条 为了加强企业产品成本核算工作，保证产品成本信息真实、完整，促进企业和经济社会的可持续发展，根据《中华人民共和国会计法》、企业会计准则等国家有关规定制定本制度。

第二条 本制度适用于大中型企业，包括制造业、农业、批发零售业、建筑业、房地产业、采矿业、交通运输业、信息传输业、软件及信息技术服务业、文化业以及其他行业的企业。其他未明确规定的行业比照以上类似行业的规定执行。

本制度不适用于金融保险业的企业。

第三条 本制度所称的产品，是指企业日常生产经营活动中持有以备出售的产成品、商品、提供的劳务或服务。

本制度所称的产品成本，是指企业在生产产品过程中所发生的材料费用、职工薪酬等，以及不能直接计入而按一定标准分配计入的各种间接费用。

第四条 企业应当充分利用现代信息技术，编制、执行企业产品成本预算，对执行情况进行分析、考核，落实成本管理责任制，加强对产品生产事前、事中、事后的全过程控制，加强产品成本核算与管理各项基础工作。

第五条 企业应当根据所发生的有关费用能否归属于使产品达到目前场所和状态的原则，正确区分产品成本和期间费用。

第六条 企业应当根据产品生产过程的特点、生产经营组织的类型、产品种类的繁简和成本管理的要求，确定产品成本核算的对象、项目、范围，及时对有关费用进行归集、分配和结转。

企业产品成本核算采用的会计政策和估计一经确定，不得随意变更。

第七条　企业一般应当按月编制产品成本报表，全面反映企业生产成本、成本计划执行情况、产品成本及其变动情况等。

第二章　产品成本核算对象

第八条　企业应当根据生产经营特点和管理要求，确定成本核算对象，归集成本费用，计算产品的生产成本。

第九条　制造企业一般按照产品品种、批次订单或生产步骤等确定产品成本核算对象。

（一）大量大批单步骤生产产品或管理上不要求提供有关生产步骤成本信息的，一般按照产品品种确定成本核算对象。

（二）小批单件生产产品的，一般按照每批或每件产品确定成本核算对象。

（三）多步骤连续加工产品且管理上要求提供有关生产步骤成本信息的，一般按照每种（批）产品及各生产步骤确定成本核算对象。

产品规格繁多的，可以将产品结构、耗用原材料和工艺过程基本相同的产品，适当合并作为成本核算对象。

第十条　农业企业一般按照生物资产的品种、成长期、批别（群别、批次）、与农业生产相关的劳务作业等确定成本核算对象。

第十一条　批发零售企业一般按照商品的品种、批次、订单、类别等确定成本核算对象。

第十二条　建筑企业一般按照订立的单项合同确定成本核算对象。单项合同包括建造多项资产的，企业应当按照企业会计准则规定的合同分立原则，确定建造合同的成本核算对象。为建造一项或数项资产而签订一组合同的，按合同合并的原则，确定建造合同的成本核算对象。

第十三条　房地产企业一般按照开发项目、综合开发期数并兼顾产品类型等确定成本核算对象。

第十四条　采矿企业一般按照所采掘的产品确定成本核算对象。

第十五条　交通运输企业以运输工具从事货物、旅客运输的，一般按照航线、航次、单船（机）、基层站段等确定成本核算对象；从事货物等装卸业务的，可以按照货物、成本责任部门、作业场所等确定成本核算对象；从事仓储、堆存、港务管理业务的，一般按照码头、仓库、堆场、油罐、筒仓、货棚或主要货物的种类、成本责任部门等确定成本核算对象。

第十六条　信息传输企业一般按照基础电信业务、电信增值业务和其他信息传输业务等确定成本核算对象。

第十七条　软件及信息技术服务企业的科研设计与软件开发等人工成本比重较高的，一般按照科研课题、承接的单项合同项目、开发项目、技术服务客户等确定成本核算对象。合同项目规模较大、开发期较长的，可以分段确定成本核算对象。

第十八条　文化企业一般按照制作产品的种类、批次、印次、刊次等确定成本核算对象。

第十九条　除本制度已明确规定的以外，其他行业企业应当比照以上类似行业的企业确定产品成本核算对象。

第二十条　企业应当按照第八条至第十九条规定确定产品成本核算对象，进行产品成本核算。企业内部管理有相关要求的，还可以按照现代企业多维度、多层次的管理需要，确定多元化的产品成本核算对象。

多维度，是指以产品的最小生产步骤或作业为基础，按照企业有关部门的生产流程及其相应的成本管理要求，利用现代信息技术，组合出产品维度、工序维度、车间班组维度、生产设备维度、客户订单维度、变动成本维度和固定成本维度等不同的成本核算对象。

多层次，是指根据企业成本管理需要，划分为企业管理部门、工厂、车间和班组等成本管控层次。

第三章 产品成本核算项目和范围

第二十一条 企业应当根据生产经营特点和管理要求，按照成本的经济用途和生产要素内容相结合的原则或者成本性态等设置成本项目。

第二十二条 制造企业一般设置直接材料、燃料和动力、直接人工和制造费用等成本项目。

直接材料，是指构成产品实体的原材料以及有助于产品形成的主要材料和辅助材料。

燃料和动力，是指直接用于产品生产的燃料和动力。

直接人工，是指直接从事产品生产的工人的职工薪酬。

制造费用，是指企业为生产产品和提供劳务而发生的各项间接费用，包括企业生产部门（如生产车间）发生的水电费、固定资产折旧、无形资产摊销、管理人员的职工薪酬、劳动保护费、国家规定的有关环保费用、季节性和修理期间的停工损失等。

第二十三条 农业企业一般设置直接材料、直接人工、机械作业费、其他直接费用、间接费用等成本项目。

直接材料，是指种植业生产中耗用的自产或外购的种子、种苗、饲料、肥料、农药、燃料和动力、修理用材料和零件、原材料以及其他材料等；养殖业生产中直接用于养殖生产的苗种、饲料、肥料、燃料、动力、畜禽医药费等。

直接人工，是指直接从事农业生产人员的职工薪酬。

机械作业费，是指种植业生产过程中农用机械进行耕耙、播种、施肥、除草、喷药、收割、脱粒等机械作业所发生的费用。

其他直接费用，是指除直接材料、直接人工和机械作业费以外的畜力作业费等直接费用。

间接费用，是指应摊销、分配计入成本核算对象的运输费、灌溉费、固定资产折旧、租赁费、保养费等费用。

第二十四条　批发零售企业一般设置进货成本、相关税费、采购费等成本项目。

进货成本，是指商品的采购价款。

相关税费，是指购买商品发生的进口关税、资源税和不能抵扣的增值税等。

采购费，是指运杂费、装卸费、保险费、仓储费、整理费、合理损耗以及其他可归属于商品采购成本的费用。采购费金额较小的，可以在发生时直接计入当期销售费用。

第二十五条　建筑企业一般设置直接人工、直接材料、机械使用费、其他直接费用和间接费用等成本项目。建筑企业将部分工程分包的，还可以设置分包成本项目。

直接人工，是指按照国家规定支付给施工过程中直接从事建筑安装工程施工的工人以及在施工现场直接为工程制作构件和运料、配料等工人的职工薪酬。

直接材料，是指在施工过程中所耗用的、构成工程实体的材料、结构件、机械配件和有助于工程形成的其他材料以及周转材料的租赁费和摊销等。

机械使用费，是指施工过程中使用自有施工机械所发生的机械使用费，使用外单位施工机械的租赁费，以及按照规定支付的施工机械进出场费等。

其他直接费用，是指施工过程中发生的材料搬运费、材料装卸保管费、燃料动力费、临时设施摊销、生产工具用具使用费、检验试验费、工程定位复测费、工程点交费、场地清理费，以及能够单独区分和可靠计量的为订立建造承包合同而发生的差旅费、投标费等费用。

间接费用，是指企业各施工单位为组织和管理工程施工所发生的费用。

分包成本，是指按照国家规定开展分包，支付给分包单位的工程价款。

第二十六条　房地产企业一般设置土地征用及拆迁补偿费、前期工程费、建筑安装工程费、基础设施建设费、公共配套设施费、开发间接费、借款费用等成本项目。

土地征用及拆迁补偿费，是指为取得土地开发使用权（或开发权）而发生的各项费用，包括土地买价或出让金、大市政配套费、契税、耕地占用税、土地使用费、土地闲置费、农作物补偿费、危房补偿费、土地变更用途和超面积补交的地价及相关税费、拆迁补偿费用、安置及动迁费用、回迁房建造费用等。

前期工程费，是指项目开发前期发生的政府许可规费、招标代理费、临时设施费以及水文地质勘查、测绘、规划、设计、可行性研究、咨询论证费、筹建、场地通平等前期费用。

建筑安装工程费，是指开发项目在开发过程中发生的各项主体建筑的建筑工程费、安装工程费及精装修费等。

基础设施建设费，是指开发项目在开发过程中发生的道路、供水、供电、供气、供暖、排污、排洪、消防、通信、照明、有线电视、宽带网络、智能化等社区管网工程费和环境卫生、园林绿化等园林、景观环境工程费用等。

公共配套设施费，是指开发项目内发生的、独立的、非营利性的且产权属于全体业主的，或无偿赠与地方政府、政府公共事业单位的公共配套设施费用等。

开发间接费，指企业为直接组织和管理开发项目所发生的，且不能将其直接归属于成本核算对象的工程监理费、造价审核费、结算审核费、工程保险费等。为业主代扣代缴的公共维修基金等不得计入产品成本。

借款费用，是指符合资本化条件的借款费用。

房地产企业自行进行基础设施、建筑安装等工程建设的，可以比照建筑企业设置有关成本项目。

第二十七条　采矿企业一般设置直接材料、燃料和动力、直接人工、间接费用等成本项目。

直接材料，是指采掘生产过程中直接耗用的添加剂、催化剂、引发剂、助剂、触媒以及净化材料、包装物等。

燃料和动力，是指采掘生产过程中直接耗用的各种固体、液体、气体燃料，以及水、电、汽、风、氮气、氧气等动力。

直接人工，是指直接从事采矿生产人员的职工薪酬。

间接费用，是指为组织和管理厂（矿）采掘生产所发生的职工薪酬、劳动保护费、固定资产折旧、无形资产摊销、保险费、办公费、环保费用、化（检）验计量费、设计制图费、停工损失、洗车费、转输费、科研试验费、信息系统维护费等。

第二十八条　交通运输企业一般设置营运费用、运输工具固定费用与非营运期间的费用等成本项目。

营运费用，是指企业在货物或旅客运输、装卸、堆存过程中发生的营运费用，包括货物费、港口费、起降及停机费、中转费、过桥过路费、燃料和动力、航次租船费、安全救生费、护航费、装卸整理费、堆存费等。铁路运输企业的营运费用还包括线路等相关设施的维护费等。

运输工具固定费用，是指运输工具的固定费用和共同费用等，包括检验检疫费、车船使用税、劳动保护费、固定资产折旧、租赁费、备件配件、保险费、驾驶及相关操作人员薪酬及其伙食费等。

非营运期间费用，是指受不可抗力制约或行业惯例等原因暂停营运期间发生的有关费用等。

第二十九条　信息传输企业一般设置直接人工、固定资产折旧、无形资产摊销、低值易耗品摊销、业务费、电路及网元租赁费等成本项目。

直接人工，是指直接从事信息传输服务的人员的职工薪酬。

业务费，是指支付通信生产的各种业务费用、包括频率占用费、卫星测控费、安全保卫费、码号资源费、设备耗用的外购电力费、自有电源设备耗用的燃料和润料费等。

电路及网元租赁费，是指支付给其他信息传输企业的电路及网元等传输系统及设备的租赁费等。

第三十条 软件及信息技术服务企业一般设置直接人工、外购软件与服务费、场地租赁费、固定资产折旧、无形资产摊销、差旅费、培训费、转包成本、水电费、办公费等成本项目。

直接人工，是指直接从事软件及信息技术服务的人员的职工薪酬。

外购软件与服务费，是指企业为开发特定项目而必须从外部购进的辅助软件或服务所发生的费用。

场地租赁费，是指企业为开发软件或提供信息技术服务租赁场地支付的费用等。

转包成本，是指企业将有关项目部分分包给其他单位支付的费用。

第三十一条 文化企业一般设置开发成本和制作成本等成本项目。

开发成本，是指从选题策划开始到正式生产制作所经历的一系列过程，包括信息收集、策划、市场调研、选题论证、立项等阶段所发生的信息搜集费、调研交通费、通信费、组稿费、专题会议费、参与开发的职工薪酬等。

制作成本，是指产品内容制作成本和物质形态的制作成本，包括稿费、审稿费、校对费、录入费、编辑加工费、直接材料费、印刷费、固定资产折旧、参与制作的职工薪酬等。电影企业的制作成本，是指企业在影片制片、译制、洗印等生产过程所发生的各项费用，包括剧本费、演职员的薪酬、胶片及磁片磁带费、化妆费、道具费、布景费、场租费、剪接费、洗印费等。

第三十二条 除本制度已明确规定的以外，其他行业企业应当比照以上类似行业的企业确定成本项目。

第三十三条 企业应当按照第二十一条至第三十二条规定确定产品成本核算项目，进行产品成本核算。企业内部管理有相关要求的，还可以按照现代企业多维度、多层次的成本管理要求，利用现代信息技术对有关成本项目进行组合，输出有关成本信息。

第四章 产品成本归集、分配和结转

第三十四条 企业所发生的费用，能确定由某一成本核算对象负担的，应当按照所对应的产品成本项目类别，直接计入产品成本核算对象的生产成本；由几个成本核算对象共同负担的，应当选择合理的分配标准分配计入。

企业应当根据生产经营特点，以正常生产能力水平为基础，按照资源耗费方式确定合理的分配标准。

企业应当按照权责发生制的原则，根据产品的生产特点和管理要求结转成本。

第三十五条 制造企业发生的直接材料和直接人工，能够直接计入成本核算对象的，应当直接计入成本核算对象的生产成本，否则应当按照合理的分配标准分配计入。

制造企业外购燃料和动力的，应当根据实际耗用数量或者合理的分配标准对燃料和动力费用进行归集分配。生产部门直接用于生产的燃料和动力，直接计入生产成本；生产部门间接用于生产（如照明、取暖）的燃料和动力，计入制造费用。制造企业内部自行提供燃料和动力的，参照本条第三款进行处理。

制造企业辅助生产部门为生产部门提供劳务和产品而发生的费用，应当参照生产成本项目归集，并按照合理的分配标准分配计入各成本核算对象的生产成本。辅助生产部门之间互相提供的劳务、作业成本，应当采用合理的方法，进行交互分配。互相提供劳务、作业不多的，可以不进行交互分配，直接分配给辅助生产部门以外的受益单位。

第三十六条 制造企业发生的制造费用，应当按照合理的分配标准按月分配计入各成本核算对象的生产成本。企业可以采取的分配标准包括机器工时、人工工时、计划分配率等。

季节性生产企业在停工期间发生的制造费用，应当在开工期间进行合理分摊，连同开工期间发生的制造费用，一并计入产品的生产成本。

制造企业可以根据自身经营管理特点和条件，利用现代信息技术，采用作业成本法对不能直接归属于成本核算对象的成本进行归集和分配。

第三十七条 制造企业应当根据生产经营特点和联产品、副产品的工艺要求，选择系数分配法、实物量分配法、相对销售价格分配法等合理的方法分配联合生产成本。

第三十八条 制造企业发出的材料成本，可以根据实物流转方式、管理要求、实物性质等实际情况，采用先进先出法、加权平均法、个别计价法等方法计算。

第三十九条 制造企业应当根据产品的生产特点和管理要求，按成本计算期结转成本。制造企业可以选择原材料消耗量、约当产量法、定额比例法、原材料扣除法、完工百分比法等方法，恰当地确定完工产品和在产品的实际成本，并将完工入库产品的产品成本结转至库存产品科目；在产品数量、金额不重要或在产品期初期末数量变动不大的，可以不计算在产品成本。

制造企业产成品和在产品的成本核算，除季节性生产企业等以外，应当以月为成本计算期。

第四十条 农业企业应当比照制造企业对产品成本进行归集、分配和结转。

第四十一条　批发零售企业发生的进货成本、相关税金直接计入成本核算对象成本；发生的采购费，可以结合经营管理特点，按照合理的方法分配计入成本核算对象成本。采购费金额较小的，可以在发生时直接计入当期销售费用。

批发零售企业可以根据实物流转方式、管理要求、实物性质等实际情况，采用先进先出法、加权平均法、个别计价法、毛利率法等方法结转产品成本。

第四十二条　建筑企业发生的有关费用，由某一成本核算对象负担的，应当直接计入成本核算对象成本；由几个成本核算对象共同负担的，应当选择直接费用比例、定额比例和职工薪酬比例等合理的分配标准，分配计入成本核算对象成本。

建筑企业应当按照《企业会计准则第15号——建造合同》的规定结转产品成本。合同结果能够可靠估计的，应当采用完工百分比法确定和结转当期提供服务的成本；合同结果不能可靠估计的，应当直接结转已经发生的成本。

第四十三条　房地产企业发生的有关费用，由某一成本核算对象负担的，应当直接计入成本核算对象成本；由几个成本核算对象共同负担的，应当选择占地面积比例、预算造价比例、建筑面积比例等合理的分配标准，分配计入成本核算对象成本。

第四十四条　采矿企业应当比照制造企业对产品成本进行归集、分配和结转。

第四十五条　交通运输企业发生的营运费用，应当按照成本核算对象归集。

交通运输企业发生的运输工具固定费用，能确定由某一成本核算对象负担的，应当直接计入成本核算对象的成本；由多个成本核算对象共同负担的，应当选择营运时间等符合经营特点的、科学合理的分配标准分配计入各成本核算对象的成本。

交通运输企业发生的非营运期间费用，比照制造业季节性生产企业处理。

第四十六条 信息传输、软件及信息技术服务等企业，可以根据经营特点和条件，利用现代信息技术，采用作业成本法等对产品成本进行归集和分配。

第四十七条 文化企业发生的有关成本项目费用，由某一成本核算对象负担的，应当直接计入成本核算对象成本；由几个成本核算对象共同负担的，应当选择人员比例、工时比例、材料耗用比例等合理的分配标准分配计入成本核算对象成本。

第四十八条 企业不得以计划成本、标准成本、定额成本等代替实际成本。企业采用计划成本、标准成本、定额成本等类似成本进行直接材料日常核算的，期末应当将耗用直接材料的计划成本或定额成本等类似成本调整为实际成本。

第四十九条 除本制度已明确规定的以外，其他行业企业应当比照以上类似行业的企业对产品成本进行归集、分配和结转。

第五十条 企业应当按照第三十四条至第四十九条规定对产品成本进行归集、分配和结转。企业内部管理有相关要求的，还可以利用现代信息技术，在确定多维度、多层次成本核算对象的基础上，对有关费用进行归集、分配和结转。

第五章 附则

第五十一条 小企业参照执行本制度。

第五十二条 本制度自 2014 年 1 月 1 日起施行。

第五十三条 执行本制度的企业不再执行《国营工业企业成本核算办法》。

附录三 环境信息公开办法（试行）

第一章 总则

第一条 为了推进和规范环境保护行政主管部门（以下简称环保部门）以及企业公开环境信息，维护公民、法人和其他组织获取环境信息的权益，推动公众参与环境保护，依据《中华人民共和国政府信息公开条例》《中华人民共和国清洁生产促进法》和《国务院关于落实科学发展观加强环境保护的决定》以及其他有关规定，制定本办法。

第二条 本办法所称环境信息，包括政府环境信息和企业环境信息。

政府环境信息，是指环保部门在履行环境保护职责中制作或者获取的，以一定形式记录、保存的信息。

企业环境信息，是指企业以一定形式记录、保存的，与企业经营活动产生的环境影响和企业环境行为有关的信息。

第三条 国家环境保护总局负责推进、指导、协调、监督全国的环境信息公开工作。

县级以上地方人民政府环保部门负责组织、协调、监督本行政区域内的环境信息公开工作。

第四条 环保部门应当遵循公正、公平、便民、客观的原则，及时、准确地公开政府环境信息。

企业应当按照自愿公开与强制性公开相结合的原则，及时、准确地公开企业环境信息。

第五条 公民、法人和其他组织可以向环保部门申请获取政府环境信息。

第六条　环保部门应当建立、健全环境信息公开制度。

国家环境保护总局由办公厅作为本部门政府环境信息公开工作的组织机构，各业务机构按职责分工做好本领域政府环境信息公开工作。

县级以上地方人民政府环保部门根据实际情况自行确定本部门政府环境信息公开工作的组织机构，负责组织实施本部门的政府环境信息公开工作。

环保部门负责政府环境信息公开工作的组织机构的具体职责是：

（一）组织制定本部门政府环境信息公开的规章制度、工作规则；

（二）组织协调本部门各业务机构的政府环境信息公开工作；

（三）组织维护和更新本部门公开的政府环境信息；

（四）监督考核本部门各业务机构政府环境信息公开工作；

（五）组织编制本部门政府环境信息公开指南、政府环境信息公开目录和政府环境信息公开工作年度报告；

（六）监督指导下级环保部门政府环境信息公开工作；

（七）监督本辖区企业环境信息公开工作；

（八）负责政府环境信息公开前的保密审查；

（九）本部门有关环境信息公开的其他职责。

第七条　公民、法人和其他组织使用公开的环境信息，不得损害国家利益、公共利益和他人的合法权益。

第八条　环保部门应当从人员、经费方面为本部门环境信息公开工作提供保障。

第九条　环保部门发布政府环境信息依照国家有关规定需要批准的，未经批准不得发布。

第十条　环保部门公开政府环境信息，不得危及国家安全、公共安全、经济安全和社会稳定。

第二章 政府环境信息公开

第一节 公开的范围

第十一条 环保部门应当在职责权限范围内向社会主动公开以下政府环境信息：

（一）环境保护法律、法规、规章、标准和其他规范性文件；

（二）环境保护规划；

（三）环境质量状况；

（四）环境统计和环境调查信息；

（五）突发环境事件的应急预案、预报、发生和处置等情况；

（六）主要污染物排放总量指标分配及落实情况，排污许可证发放情况，城市环境综合整治定量考核结果；

（七）大、中城市固体废物的种类、产生量、处置状况等信息；

（八）建设项目环境影响评价文件受理情况，受理的环境影响评价文件的审批结果和建设项目竣工环境保护验收结果，其他环境保护行政许可的项目、依据、条件、程序和结果；

（九）排污费征收的项目、依据、标准和程序，排污者应当缴纳的排污费数额、实际征收数额以及减免缓情况；

（十）环保行政事业性收费的项目、依据、标准和程序；

（十一）经调查核实的公众对环境问题或者对企业污染环境的信访、投诉案件及其处理结果；

（十二）环境行政处罚、行政复议、行政诉讼和实施行政强制措施的情况；

（十三）污染物排放超过国家或者地方排放标准，或者污染物排放总量超过地方人民政府核定的排放总量控制指标的污染严重的企业名单；

（十四）发生重大、特大环境污染事故或者事件的企业名单，拒不执行已生效的环境行政处罚决定的企业名单；

（十五）环境保护创建审批结果；

（十六）环保部门的机构设置、工作职责及其联系方式等情况；

（十七）法律、法规、规章规定应当公开的其他环境信息。

环保部门应当根据前款规定的范围编制本部门的政府环境信息公开目录。

第十二条　环保部门应当建立健全政府环境信息发布保密审查机制，明确审查的程序和责任。

环保部门在公开政府环境信息前，应当依照《中华人民共和国保守国家秘密法》以及其他法律、法规和国家有关规定进行审查。

环保部门不得公开涉及国家秘密、商业秘密、个人隐私的政府环境信息。但是，经权利人同意或者环保部门认为不公开可能对公共利益造成重大影响的涉及商业秘密、个人隐私的政府环境信息，可以予以公开。

环保部门对政府环境信息不能确定是否可以公开时，应当依照法律、法规和国家有关规定报有关主管部门或者同级保密工作部门确定。

第二节　公开的方式和程序

第十三条　环保部门应当将主动公开的政府环境信息，通过政府网站、公报、新闻发布会以及报刊、广播、电视等便于公众知晓的方式公开。

第十四条　属于主动公开范围的政府环境信息，环保部门应当自该环境信息形成或者变更之日起20个工作日内予以公开。法律、法规对政府环境信息公开的期限另有规定的，从其规定。

第十五条　环保部门应当编制、公布政府环境信息公开指南和政府环境信息公开目录，并及时更新。

政府环境信息公开指南，应当包括信息的分类、编排体系、获取方式，政府环境信息公开工作机构的名称、办公地址、办公时间、联系电话、传真号码、电子邮箱等内容。

政府环境信息公开目录，应当包括索引、信息名称、信息内容的概述、生成日期、公开时间等内容。

第十六条　公民、法人和其他组织依据本办法第五条规定申请环保部门提供政府环境信息的，应当采用信函、传真、电子邮件等书面形式；采取书面形式确有困难的，申请人可以口头提出，由环保部门政府环境信息公开工作机构代为填写政府环境信息公开申请。

政府环境信息公开申请应当包括下列内容：

（一）申请人的姓名或者名称、联系方式；

（二）申请公开的政府环境信息内容的具体描述；

（三）申请公开的政府环境信息的形式要求。

第十七条　对政府环境信息公开申请，环保部门应当根据下列情况分别作出答复：

（一）申请公开的信息属于公开范围的，应当告知申请人获取该政府环境信息的方式和途径；

（二）申请公开的信息属于不予公开范围的，应当告知申请人该政府环境信息不予公开并说明理由；

（三）依法不属于本部门公开或者该政府环境信息不存在的，应当告知申请人；对于能够确定该政府环境信息的公开机关的，应当告知申请人该行政机关的名称和联系方式；

（四）申请内容不明确的，应当告知申请人更改、补充申请。

第十八条　环保部门应当在收到申请之日起 15 个工作日内予以答复；不能在 15 个工作日内作出答复的，经政府环境信息公开工作机构负责人同意，可以适当延长答复期限，并书面告知申请人，延长答复的期限最长不得超过 15 个工作日。

第三章　企业环境信息公开

第十九条　国家鼓励企业自愿公开下列企业环境信息：

（一）企业环境保护方针、年度环境保护目标及成效；

（二）企业年度资源消耗总量；

（三）企业环保投资和环境技术开发情况；

（四）企业排放污染物种类、数量、浓度和去向；

（五）企业环保设施的建设和运行情况；

（六）企业在生产过程中产生的废物的处理、处置情况，废弃产品的回收、综合利用情况；

（七）与环保部门签订的改善环境行为的自愿协议；

（八）企业履行社会责任的情况；

（九）企业自愿公开的其他环境信息。

第二十条 列入本办法第十一条第一款第（十三）项名单的企业，应当向社会公开下列信息：

（一）企业名称、地址、法定代表人；

（二）主要污染物的名称、排放方式、排放浓度和总量、超标、超总量情况；

（三）企业环保设施的建设和运行情况；

（四）环境污染事故应急预案。

企业不得以保守商业秘密为借口，拒绝公开前款所列的环境信息。

第二十一条 依照本办法第二十条规定向社会公开环境信息的企业，应当在环保部门公布名单后30日内，在所在地主要媒体上公布其环境信息，并将向社会公开的环境信息报所在地环保部门备案。

环保部门有权对企业公布的环境信息进行核查。

第二十二条 依照本办法第十九条规定自愿公开环境信息的企业，可以将其环境信息通过媒体、互联网等方式，或者通过公布企业年度环境报告的形式向社会公开。

第二十三条　对自愿公开企业环境行为信息，且模范遵守环保法律法规的企业，环保部门可以给予下列奖励：

（一）在当地主要媒体公开表彰；

（二）依照国家有关规定优先安排环保专项资金项目；

（三）依照国家有关规定优先推荐清洁生产示范项目或者其他国家提供资金补助的示范项目；

（四）国家规定的其他奖励措施。

第四章　监督与责任

第二十四条　环保部门应当建立健全政府环境信息公开工作考核制度、社会评议制度和责任追究制度，定期对政府环境信息公开工作进行考核、评议。

第二十五条　环保部门应当在每年3月31日前公布本部门的政府环境信息公开工作年度报告。

政府环境信息公开工作年度报告应当包括下列内容：

（一）环保部门主动公开政府环境信息的情况；

（二）环保部门依申请公开政府环境信息和不予公开政府环境信息的情况；

（三）因政府环境信息公开申请行政复议、提起行政诉讼的情况；

（四）政府环境信息公开工作存在的主要问题及改进情况；

（五）其他需要报告的事项。

第二十六条　公民、法人和其他组织认为环保部门不依法履行政府环境信息公开义务的，可以向上级环保部门举报。收到举报的环保部门应当督促下级环保部门依法履行政府环境信息公开义务。

公民、法人和其他组织认为环保部门在政府环境信息公开工作中的具体行政行为侵犯其合法权益的，可以依法申请行政复议或者提起行政诉讼。

第二十七条　环保部门违反本办法规定，有下列情形之一的，上一级环保部门应当责令其改正；情节严重的，对负有直接责任的主管人员和其他直接责任人员依法给予行政处分：

（一）不依法履行政府环境信息公开义务的；

（二）不及时更新政府环境信息内容、政府环境信息公开指南和政府环境信息公开目录的；

（三）在公开政府环境信息过程中违反规定收取费用的；

（四）通过其他组织、个人以有偿服务方式提供政府环境信息的；

（五）公开不应当公开的政府环境信息的；

（六）违反本办法规定的其他行为。

第二十八条　违反本办法第二十条规定，污染物排放超过国家或者地方排放标准，或者污染物排放总量超过地方人民政府核定的排放总量控制指标的污染严重的企业，不公布或者未按规定要求公布污染物排放情况的，由县级以上地方人民政府环保部门依据《中华人民共和国清洁生产促进法》的规定，处十万元以下罚款，并代为公布。

第五章　附则

第二十九条　本办法自 2008 年 5 月 1 日起施行。

参考文献

[1] 孟凡利. 环境会计研究 [M]. 大连：东北财经大学出版社，1999.

[2] 许家林. 资源会计研究 [M]. 大连：东北财经大学出版社，2000.

[3] 周宏春. 低碳经济学 [M]. 北京：机械工业出版社，2012.

[4] 杨志，张欣潮，贾利军等. 生态资本与低碳经济 [M]. 北京：中国财政经济出版社，2011.

[5] 天职国际会计师事务所（特殊普通合伙）专业技术委员会. 会计准则内在逻辑 [M]. 北京：中国财政经济出版社，2016.

[6] 孙恒，王彦卓. 企业绿色会计理论与实践应用研究 [M]. 北京：经济科学出版社，2014.

[7] 刘永泽，陈立军. 中级财务会计（第三版）[M]. 大连：东北财经大学出版社，2014.

[8] 万寿义，任月君. 成本会计（第四版）[M]. 大连：东北财经大学出版社，2016.

[9] 葛家澍，李若山. 九十年代西方会计理论的一个新思潮——绿色会计理论 [J]. 会计研究，1992（1）.

[10] 郭道扬. 绿色成本控制初探 [J]. 财会月刊，1997（5）.

[11] 王立彦. 环境成本核算与环境会计体系 [J]. 经济科学，1998（6）.

[12] 周守华，陶春华. 环境会计：理论综述与启示 [J]. 会计研究，2012

(2).

[13] 孙兴华. 绿色会计的计量与报告研究［J］. 会计研究，2002（3）.

[14] 周志方，肖序. 国外环境财务会计发展评述［J］. 会计研究，2010（1）.

[15] 耿建新. 环境会计、环境审计及其实施方略探讨［J］. 会计之友，2004（3）.

[16] 郑俊敏. 基于绿色思维的企业环境成本控制［J］. 兰州大学学报（社会科学版），2014（3）.

[17] 韩俊华，干胜道. 国外社会责任会计理论与实证研究综述［J］. 华东经济管理，2013（6）.

[18] 乔世震. 建立中国环境会计核算体系的探讨［J］. 中国发展，2002（2）.

[19] 徐贵丽. 国外环境会计研究：综述、特征及对我国的启示［J］. 财会通讯，2011（10）.

[20] 王妍，王冬青. 环境会计成本研究综述［J］. 会计师，2012（1）.

[21] 肖莹，谭斌斌. 我国环境会计理论体系研究文献综述［J］. 财会通讯，2009（8）.

[22] 郑季良，陈志芳. 高耗能产业循环经济的指标体系构建［J］. 经济管理，2008（5）.

[23] 何利. 国内外环境会计研究理论综述［J］. 天津行政学院学报，2012（3）.

[24] 徐泓，朱小平. 环境会计要素的确认［J］. 财务与会计，1999（6）.

[25] 黄又青，李余生，史海霞. "环境成本内在化"的主要障碍及对策分析［J］. 科技进步与对策，2007（3）.

[26] 任月君，张凯华. 企业环境成本确认与计量探析［J］. 中国管理信息

化，2015（1）.

[27] 李玉峰. 环境成本的认识分歧与我国的政策选择［J］. 中州学刊，2014（3）.

[28] 王健华. 企业环境支出成本化会计处理［J］. 财会月刊，2008（3）.

[29] 杨政. 浅议企业绿色成本及其管理［J］. 财务与会计（理财版），2010（10）.

[30] 冯娅. 论低碳经济时代下低碳会计发展之路［J］. 财会通讯（综合），2011（5）.

[31] 钟卫稼. 关于环境会计与低碳经济发展的思考［J］. 财会通讯（综合），2011（8）（下）.

[32] 刘筱，祝建军. 基于低碳经济的企业环境会计研究［J］. 财会通讯（综合），2011（9）（下）.

[33] 王树锋，尚磊，席俪嘉. 煤炭企业环境会计信息披露问题及对策研究［J］. 会计之友，2018（9）（下）.

[34] 张智猛. 企业环境成本核算探讨［J］. 财会通讯（综合），2014（8）.

[35] 安志蓉，丁慧平等. 可持续发展下企业环境成本内部化决策［J］. 江西社会科学，2014（4）.

[36] 胡雪冰. 低碳视角下我国企业环境成本会计研究［J］. 绿色财会，2014（7）.

[37] 吴永立. 生态文明背景下企业环境成本核算体系的构建［J］. 石家庄铁道大学学报（社会科学版），2014（12）.

[38] 方文彬，张金辉等. 中国企业环境成本内容及特征分析［J］. 社科纵横，2014（10）.

[39] 杨政. 浅议企业绿色成本及其管理［J］. 财务与会计（理财版），2010（10）.

[40] 赛娜,汤金伟. 基于低碳经济的企业环境成本管理研究 [J]. 经济论坛, 2014 (5).

[41] 徐璐. 环境成本核算视角的环境会计理论综述 [J]. 新会计, 2014 (9).

[42] 李虹,理明佳,田生. 环境成本核算与信息披露机制设计研究 [J]. 华东经济管理, 2014 (5).

[43] 方刚. 环境成本计量的文献综述 [J]. 经济研究导刊, 2014 (6).

[44] 刘颖. 基于低碳经济的企业环境成本会计研究 [J]. 商业时代, 2014 (5).

[45] 樊良树. 论当代中国的发展必须核算环境成本 [J]. 华北电力大学学报(社会科学版), 2014 (3).

[46] 夏芸. 论绿色成本控制系统的构建 [J]. 财会通讯(学术版), 2005 (7).

[47] 方文彬,李婧,蒋昊. 中国企业环境成本内部化的经济学思考 [J]. 甘肃科技纵横, 2014 (10).

[48] 谢东明,王平. 生态经济发展模式下我国企业环境成本的战略控制研究 [J]. 会计研究, 2013 (3).

[49] 白福萍,陈刚. 企业文化创造价值的机理与路径 [J]. 财会通讯, 2018 (26).

[50] 张孟豪,龙如银. 新形势下企业绿色生产管理的研究与探索 [J]. 河南社会科学, 2016 (4).

[51] 郑庆华. 我国造纸业供应链中木材资源的物质流分析 [J]. 中国造纸, 2013 (6).

[52] 吉利,苏朦. 中国上市公司环境成本内部化行为识别及特征剖析——基于财务报表信息的分析 [J]. 河北经贸大学学报, 2017 (5).

[53] 秦昌波,葛察忠,刘倩倩等.中国煤炭环境成本内部化的经济影响分析[J].中国环境科学,2018,38(2).

[54] 杨玉晴.企业环境成本核算体系研究[D].中原工学院博士学位论文,2017.

[55] 宋虎.低碳经济下绿色成本管理模式研究[D].沈阳理工大学博士学位论文,2012.

[56] 张爽.潞安余吾煤业有限公司环境成本核算方案设计[D].西安理工大学博士学位论文,2018.

[57] 彭咏梅.企业环境成本会计研究[D].沈阳大学博士学位论文,2017.

[58] 王博宇.我国企业环境成本管理研究[D].东北财经大学博士学位论文,2015.

[59] Michael John Jones. Accounting for the environment: Towards a theoretical perspective for environmental accounting and reporting [J]. Elsevier Accounting Forum, 2010 (34): 123-138.

[60] Sherine Farouk, Jacob Cherian & Jolly Jacob. Green accounting and management for sustainable manufacturing in developing countries [J]. International Journal of Business and Management, 2012, 7 (20): 7-14.

[61] Mihaela Ungure Anu. Integration of green accounting into romanian accounting system [J]. CES Working Papers, 2012, IV (1): 7-14.

[62] Bettina Hodi Hernadi. Green accounting for corporate sustainability [J]. Club of Economics in Miskolc TMP, 2012, 8 (2): 23-30.

[63] Hong. Current situation of energy conservation in high energyconsuming industries in Taiwan [J]. Energy Policy, 2007 (1): 7-14.

后　记

　　2004年，我参加了由中国人民大学书报资料中心举办的征文活动，很幸运的是个人的文章被选中，并收录于"中国学术思想库——聚焦财会"。在文库的总序中，时任中国人民大学校长的纪宝成教授写道"真正的学术思想是对人类、对社会、对世界满怀深情的负责思考，是对历史的反思，对现实的勘测，对未来的求索"。他的这一观点对我的触动非常深刻，让我明白了学术研究的动力源泉与研究目的之所在。

　　作为自然界的重要组成部分，人类取得对自然界的统治地位时间并不长，但自现代工业文明开始以来，人类对自然界的开发以及损毁的速度却非常惊人。伴随人类数量的不断增长，其需求也不断增大，自然界的供给日益不能满足人类的需求。人类需求的无限扩大与自然界供给有限之间的矛盾不断凸显。于是，自然环境在人类的恣意攫取中不断恶化，并且将这种后果以不同的环境问题带给人类，也警示着人类不可以无限度从自然界单向索取。在环境问题的不断困扰下，一些有社会良知的学者开始反思人类的行为，并力图通过有效的方式改变这种状况。于是，学术界、政府部门、社会公益组织等团体积极行动起来，提醒人们关注自身活动对环境的损害，呼吁人们采取切实可行的措施提高对环境的保护力度。

　　环境问题的改善需要多方面的共同努力，理论研究者的责任是从根本上厘清企业进行环境保护行为的内部机理，以及企业应该采取何种方法进行环境保护最合理。同时，伴随国家政策的调整、人们环境保护意识的不断提升，作为环境问题主要制造者的企业，其生存的外部环境也不断要求企业树立"环境保护"的意识，也就是要将环境保护的意识"内化于心"。当然，仅有环保意识是不够的，更为重要的是，要采取切实可行的方法与措施将环境保护的意识"外化于行"，实现"内外一致，知行合一"。作为追求盈利的经济组织，企业通常会算清投入与产出的关系后采取实际行动。在这一过程中，成本的高低几乎是所有企业都关注的问题，因为它关系到企业毛利率的高低、行业中的地位、定价权的大小以及业绩考核等方面。因此，如何降低企业的成本成为所有企业面临的问题。也正基于此，本书的定位是——帮助企业算清环保行为的投入数额。所采取的方式是依托现有的会计核算体系，将环境成本核算纳入其中，只对现存的核算体系进行微调。这样的处理方式既节省了更新核算体系的工作量，也大大缩短了广大财务人员适应新核算方式的时间，是一种较为经济可行的处理方式。

学术研究应该具有连续性和继承性，本书也不例外。囿于研究者本身的能力有限，所以，在研究过程中参考了大量的相关文献，因不能一一列出而深表歉意。对于这些作者的付出，在此一并表示深深感谢。你们的研究是本书的重要基础，甚至可以说，没有之前研究者的研究成果，就没有本研究成果的出现。

由于长期从事《成本会计学》的教学工作，我一直在思考关于企业成本的相关问题，其中困惑最深的问题之一就是成本的边界问题。自1993年以来，受制造成本计算模式的影响，我国将成本主要界定在生产（或制造）环节，在最初的阶段是没有明显问题的，但随着社会环境的变化、生产技术的不断更新，生产环节的耗费其实已经不再是成本发生的主要环节，新产品研发、产品废弃等环节已经日益成为成本的主要发生环节。企业的生产活动是环境问题的主要制造者，但企业的成本中长期缺失"环境成本"项目，到底

后 记

是什么原因导致这一状况的出现？是有意识的忽略还是没有核算方法供其使用而"心有余，力不足"？正是基于这一想法，我萌发了构建用于核算企业环境成本的体系——绿色成本核算体系的想法，意在为有意进行环境成本核算的企业提供一点参考。当然，作为一名高校教师，受理论知识的影响较重，可能对会计实践的考虑并不周全，甚至距离较远，但这并不影响本书的初衷：为企业环境成本核算提供一种方向或一点提示而非全部的核算过程。所以，如果本书的成果可以产生所期望的效果，将会让研究者倍感欣慰。

从萌生这样的想法到写作完成，大概经历了三年多的时间。期间得到了学院领导的鼓励与支持，经济管理出版社相关人员的大力协助，在此表示诚挚的感谢。在写作的过程中，正在上小学五年级的爱子——王乐岩一直陪伴在我的身边，他虽然不理解我的写作内容，但他会经常询问："爸爸，还有几万字就写完了？"我也会不断地告诉他写作的进程。正是有了他这种"关心式的鞭策"，让我不能有丝毫的懈怠。这也在一定程度上加快了我的写作进程，虽为爱子，但"感谢之情"也是不可省略的。

我深知"知无穷，心无疆，视无界"，所有的研究均是阶段性的，未来的研究将更加宽广、更加深入，值得更多的研究者去积极探索，并将取得丰硕的研究成果。

是为记。

王健华

2018 年 11 月 17 日于北方民族大学